supe

IQ-test

voor kinderen

DELTAS

Deze uitgave door: Deltas, België-Nederland.
Samenstelling: Son Tyberg
Gedrukt in België

D-MMVI-0001-406
NUR 229

WAT JE IN DIT BOEK VINDT

Wat betekent IQ?

IQ is de afkorting van INTELLIGENTIEQUOTIËNT. Twee moeilijke woorden, maar eigenlijk is zo'n IQ niets anders dan een getal dat iets vertelt over je intelligentie of verstandelijk vermogen. Hoe hoger dat getal, hoe slimmer je bent!

Hoe meet je het IQ?

Het IQ van iemand wordt gemeten met speciale intelligentietests. Die worden opgemaakt door psychologen.
Er bestaan verschillende soorten IQ-tests. De meeste gaan na of je goed logisch kunt denken. Ze peilen naar je vermogen om goed te redeneren en iets vlug te begrijpen.
Sommige tests zijn verbaal. Dat wil zeggen dat ze gebruikmaken van woorden. Hoe meer woorden je kent, hoe beter je zo'n test kunt afleggen. Bij andere tests moet je geen taal kennen. Ze werken met puzzels of tekeningen.

De IQ-tests in dit boek zijn heel gevarieerd.
Ze testen je algemene kennis, je taalvaardigheid, je wiskundig talent, je ruimtelijk inzicht, je logisch denkvermogen...

Hoe hoog is jouw IQ?

Wil je weten wat jouw IQ is, dan moet je een IQ-test afleggen bij een psycholoog. Hij berekent dan je IQ.
Zoals je al hebt kunnen lezen, is het IQ een getal.
Het gemiddelde IQ is 100.
Als je een IQ hebt van 100, dan ben je even intelligent als het gemiddelde kind van jouw leeftijd.
Heb je als resultaat een getal dat lager is dan 100, dan heb je een achterstand op het gemiddelde kind van jouw leeftijd.
Is je IQ hoger dan 100, dan heb je verstandelijk een voorsprong op de meeste andere kinderen van jouw leeftijd.

Opgelet!
Met de tests in dit boek kun je niet je IQ meten. Je score geeft je wel een aanduiding van hoe goed je bent in het oplossen van allerlei problemen.

Einstein, de slimste mens ter wereld

Albert Einstein was een Duitse geleerde. Hij werd geboren in 1879 en stierf in 1955. Hij kreeg de Nobelprijs voor natuurkunde en wordt beschouwd als de slimste mens ter wereld. Maar toch hebben zijn ouders lang gevreesd dat hun zoon dom was. Op de middelbare school was hij slecht in alle vakken, behalve in wiskunde. En de eerste keer dat hij deelnam aan het toelatingsexamen op een technische hogeschool in Zwitserland, slaagde hij niet.
Dus als iedereen jou een dommerik noemt, denk je maar aan Einstein. Wie weet wacht je nog een grote toekomst!

Hoe gebruik je dit boek?

In dit boek vind je vier reeksen IQ-tests. Elke reeks bestaat uit vijf tests met elk 20 vragen. Na elke reeks vind je de oplossingen van de tests en een scoretabel.

Begin niet zomaar ergens midden in het boek.
De tests gaan van gemakkelijk naar moeilijk. Begin daarom het best met de vragen van reeks 1 op te lossen. Die zijn een goede oefening voor je denkvermogen. De laatste tests zullen dan vanzelf gemakkelijker voor je worden.

Hou de score bij.
Los de vragen op met een blad papier naast je. Daarop kun je het nummer van de vraag en het antwoord noteren. Vergelijk na elke test je antwoorden met de oplossingen. Voor elk juist antwoord mag je in de scoretabel een vakje kleuren. Daarna tel je het aantal gekleurde vakjes op en schrijf je het resultaat naast de letter T van Totaal.

	TEST 1			TEST 2			TEST 3			TEST 4			TEST 5		
1															
…															
20															
T															

Zoals je ziet, zijn er voor elke test drie kolommen. Dat geeft je twee extra kansen om je resultaten te verbeteren. Je kunt bijvoorbeeld na een week een test opnieuw doen. Of je kunt nadat je alle tests hebt opgelost, gewoon opnieuw beginnen.

Hoe beoordeel je de score?

Verwacht de eerste keer niet dat je voor elke test 20 op 20 scoort. De tests zijn zo gemaakt dat ze je denkvermogen oefenen. En hoe meer je oefent, hoe slimmer je wordt!
Probeer dus geleidelijk je score te verhogen. Dat is het beste bewijs dat je weer een beetje slimmer bent geworden.

JE HEBT EEN TESTSCORE VAN...

0 tot 3: nog veel oefenen!
Een lage score, maar... geef het niet meteen op. Hoe meer je oefent, hoe slimmer je wordt!

4 tot 9: veelbelovend!
Dat ziet er goed uit. Je bent goed op weg. Alleen zul je nog wat moeten oefenen om de kaap van de 10 (het gemiddelde) te kunnen overschrijden.

10 tot 15: heel goed!
Wie 10 van de 20 vragen juist heeft, bewijst dat zijn of haar hersenen weten wat werken is. Wie 15 juiste antwoorden heeft gevonden, mag zich terecht een bolleboos noemen.

16 tot 20: uitmuntend!
Dit is bijna ongelooflijk. Je bent erg slim en weet hoe je allerhande problemen moet oplossen. Jij zult ook op school wel goede resultaten halen!

Organiseer een IQ-quiz

Je kunt jezelf natuurlijk ook meten met je vriendjes. Als je met twee bent, kun je samen in hetzelfde boek kijken. Ben je met meer, dan kun je eerst quizkaartjes maken.

Quizkaarten

Je kunt de vragen overschrijven op kaarten. Of intikken op de computer en daarna printen.
Je kunt ook met fotokopieën werken. Knip dan de afzonderlijke vragen uit en plak ze op kaarten.
Voor de kaarten kun je verschillende kleuren gebruiken. Bijvoorbeeld wit voor taalvragen, geel voor rekenvragen, blauw voor logicavragen...
Reken op 10 tot 20 kaarten per deelnemer.

Tip: schrijf bij elke vraag het nummer van de test en van de vraag zelf. Zo kun je de oplossing vlug terugvinden in het boek.

Verloop van de quiz

Leg de kaarten omgekeerd op tafel, kleur per kleur. De spelers nemen nu om beurten een kaart van dezelfde kleur en lossen de vraag op. Wie het juiste antwoord kent, noteert een punt. Bijvoorbeeld op de scoretabellen achteraan in dit boek.
Na de wedstrijd worden de punten opgeteld. Hoe je de winnaar viert, mag je zelf verzinnen!

REEKS 1

TEST 1

1 Zoek het dier dat je kunt vormen met de letters van GEEL.

egel

2 Welk woord van 3 letters kan op de plaats van de puntjes komen?

zon DAG	GA zon
GE zon D	zon NIG
BI zon	zon EN

3 Welke clown is gelijk aan clown nummer 2?

____

4 Wat is een KANNIBAAL?

0 Een menseneter
0 Een boom
0 Een muziekinstrument

5 Als je voor 3 ballen 9 euro betaalt, hoeveel moet je dan betalen voor 2 ballen?

____

6 Welke figuur past niet in het rijtje?

♡ ♧ △ ◇ ♤

7 Welk woord heeft dezelfde betekenis als MOEDIG?

0 DAPPER
0 LAF
0 EDEL

8 Wat is het volgende getal in dit rijtje?

3	6	9	12	15	18	21	?

9 Welk van deze woorden is geen vogel? Opgelet: de letters staan door elkaar.

SUM MERLE SIV VNIK

10 Wie was PICASSO?

0 Een schilder
0 Een componist
0 Een schrijver
0 Een zanger

11 Hoeveel kwartier is anderhalf uur?

____

12 Welk woord is correct geschreven?

MISCHIEN MISSCHIEN

MISSCHIN MISCHIN

13 Welk van de vierkanten (A, B, C, D of E) moet op de plaats van het vraagteken komen?

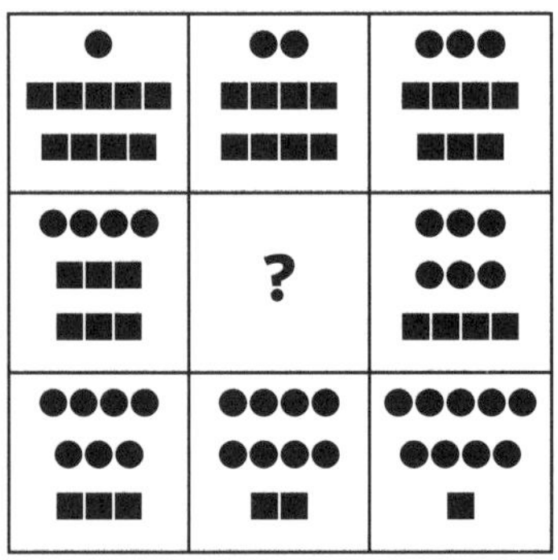

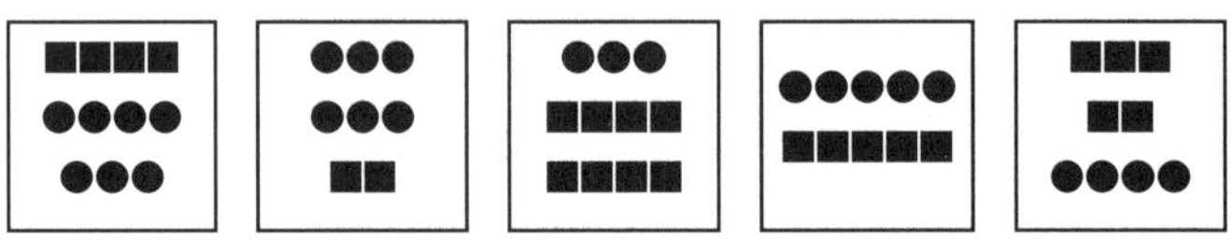

A B C D E

14 Welke maand heeft 30 dagen?

JANUARI FEBRUARI

MAART APRIL

15 Welk woord hoort niet thuis in het rijtje?

WARM LAUW ROOD KOUD

16 Welk figuurtje past niet in de reeks?

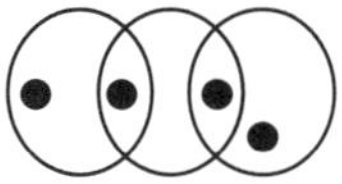
A

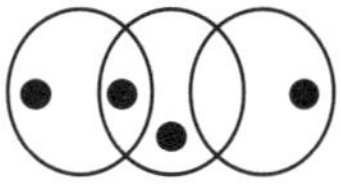
B

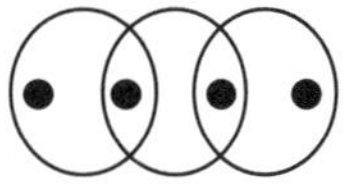
C

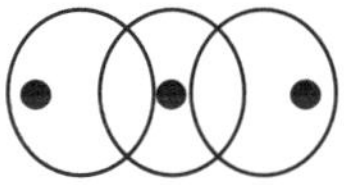
D

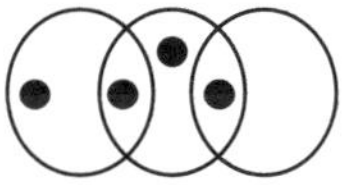
E

17 Welk woord ontbreekt hier?

OOST .... THUIS BEST

18 Welk getal moet op de puntjes komen?

48 - .... = 29

19 Welk woord is het tegengestelde van FRAAI?

MOOI LELIJK PRACHTIG

20 Welk woord kun je vormen met de volgende lettergrepen?

PAN NEN KOEK

TEST 2

1 Wat betekent de uitdrukking 'met de kippen op stok gaan'?

0 Vroeg opstaan

0 Laat gaan slapen

0 Vroeg gaan slapen

2 Welke vrucht zit verborgen in deze zin?

Je moet vandaag opruimen!

____

3 Hoeveel weken zijn er in een jaar?

46	**50**	**52**	**56**

4 Zoek de groente die je kunt vormen met de letters van PIER.

____

5 Wat is een TOMAHAWK?

0 Een strijdbijl van de indianen

0 Een sneeuwhut van de eskimo's

0 Een wapen van de cowboys

6 Hoe heet het mannetje van de koe?

0 Stier

0 Hengst

0 Kalf

7 Welk woord hoort niet thuis in het rijtje?

APPEL PEER PRUIM WORTEL

8 Wat is het volgende getal in dit rijtje?

100 95 90 85 80 75 ?

9 Welk woord zit verborgen in dit raadsel? ___________________

Mijn eerste deel is niet de dag,
mijn tweede deel is een vrouwelijk paard,
mijn geheel is een nare droom.

10 Deze twee weegschalen zijn in evenwicht. Je weet dat de appel 100 gram weegt en de sinaasappel 200 gram. Hoeveel weegt dan de peer?

____

11 Bij de volgende woorden staan de letters door elkaar.
Welk van die woorden is geen dier?

TAK **DARAP** **OEK** **FLAB**

12 Wat vond de Fransman Louis Braille in de 19de eeuw uit?

0 Het blindenschrift

0 De televisie

0 De auto

13 Welke twee letters ontbreken in deze reeks? ______________

D E F I J K L M N O

14 Een gezin heeft twee kinderen. Vader en moeder zijn samen 70 jaar oud. Hun zoon is 10 en hun dochter is 5 jaar ouder. Wat is de som van de leeftijden van alle gezinsleden?

____

15 Hoe laat je de som kloppen door één spijker te verplaatsen?

16 Welk woord kun je vormen met de volgende lettergrepen?

ZER PLAAT WIJ

17 Hoe vul je het spreekwoord verder aan?
Beter een vogel in de hand,
0 dan tien in de lucht.
0 dan een vogel in een kooi.
0 dan een kat in de boom.

18 Hoeveel vierkanten tel je in deze figuur? ____________________

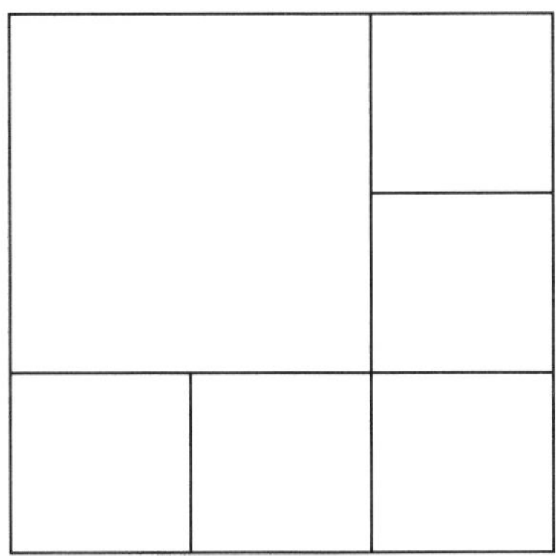

19 Wat betekent het voorvoegsel TELE in televisie en telefoon?

VER GROOT HOOG

20 Welk woord kun je vormen met de volgende woordjes?

MOE OVER GROOT DER

TEST 3

1 Welk draakje is gelijk aan draakje nummer 3? ________

2 Wat duurt het langst?

0 Een millennium

0 Een eeuw

0 500 jaar

3 Welk woord is juist geschreven?

RECLAME

REKLAME

RECLAAM

4 Welk woord kun je vormen met de volgende lettergrepen?

VI	**TE**	**SIE**	**LE**

5 Welk woord van 3 letters kan op de plaats van de puntjes komen?

ST . . . **VULK . . .**
ORK . . . **BAN . . .**

6 Zoek het insect dat je kunt vormen met de letters van VOL.

____

7 Wat is het volgende getal in dit rijtje?

5 9 13 17 21 25 29

8 Welk woord heeft dezelfde betekenis als VROLIJK?

OPGEWEKT NEERSLACHTIG UITGEPUT

9 Welk woord hoort hier niet thuis?

DWERG
REUS
KABOUTER
LILLIPUTTER

10 Hoeveel maanden tellen 31 dagen?

____

11 Welk woord van drie letters is tegelijkertijd een danspartij en een bolvormig voorwerp om mee te spelen?

____

12 Welk vierkant moet op de plaats van het vraagteken komen?

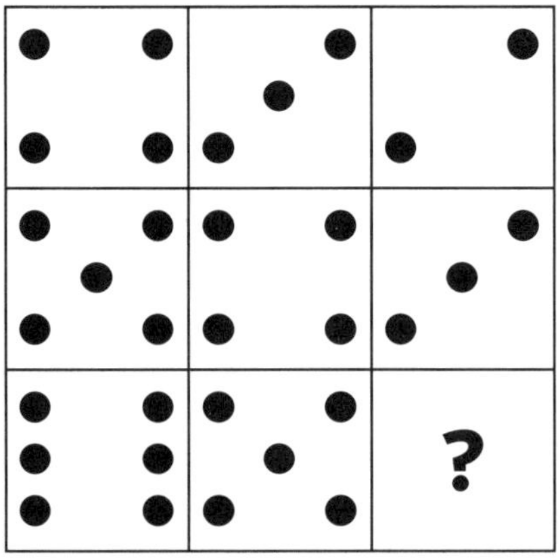

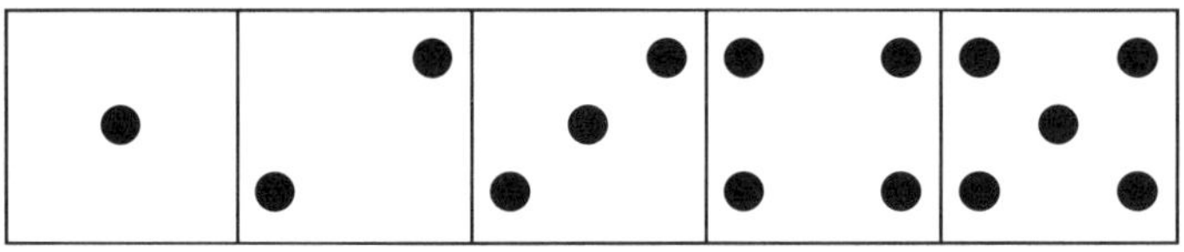

A B C D E

13 Hoe heet het vrouwtje van een hond?

REU **TEEF** **MERRIE**

14 Een auto rijdt 50 km ver met een snelheid van 100 km per uur. Hoe lang zit de chauffeur achter het stuur?

____

15 Wat is een filatelist?

0 Iemand die kleine beeldjes maakt.

0 Iemand die postzegels verzamelt.

0 Iemand die vaak in een file staat.

16 Welke twee letters ontbreken in deze reeks? ________________

P Q T U V W X Y Z

17 Wat is de hoofdstad van Spanje?

MADRID LISSABON ROME

18 Welk van de volgende getallen kun je alleen maar delen door 1 en door zichzelf?

42	37	49	18	25	16

19 Welk dier zit verborgen in deze zin? ________________________

HIJ NEEMT EEN PAAR DAGEN VERLOF.

20 Van welk spreekwoord zijn de klinkers verdwenen?

G . . N R . . K Z . N D . R V . . R

TEST 4

1 Wat betekent de uitdrukking 'geen blad voor de mond nemen'?

0 Zeggen wat je denkt.

0 Geen groente lusten.

0 De waarheid niet durven zeggen.

2 Welke figuur (A, B, C of D) heb je nodig om deze reeks verder te zetten?

A B C D

3 Welk woord van 3 letters kan op de plaats van de puntjes komen?

. . . D

T . . .

W . . . T

. . . ZAAM

ST . . .

IEDER . . .

4 Zoek het fruit dat je kunt vormen met de letters van REEP.

5 Als het vandaag woensdag is, welke dag is het dan de dag vóór overmorgen?

6 Welk woord hoort niet thuis in het rijtje?

ZUUR ZOET ZEER ZOUT

7 Wat is een driemaster?

0 Een zeilschip met drie masten
0 Een drievoudig kampioen
0 Een viool met drie snaren
0 Een geweer met drie lopen

8 Bij de volgende woorden staan de letters door elkaar.
Welk van die woorden is geen groente?

ALS PIER WERT WIIK

9 Wat is het volgende getal in dit rijtje?

1 2 4 8 16 32 ?

10 Schud de letters door elkaar om het beroep te vinden van deze vrouw.

GREET SPELVER

____

11 Hoe heet het mannetje van een kip?

HAAN **HEN** **KUIKEN**

12 Wie was COLUMBUS?

0 Een filmspeler
0 Een ontdekkingsreiziger
0 Een schilder

13 Wat betekent AQUA in het woord aquarium?

VIS WATER BAK

14 Hoeveel letters telt het alfabet?

22 23 24 25 26 27 28

15 Welk woord kun je vormen met de volgende lettergrepen?

DER WOLK DON

16 Hoeveel is het hartje waard?

2 x ❤ = ✻

2 + 2 + 2 = ✻

❤ = ________

17 Welk is het grootste dier ter wereld?

REUZENHAAI

BLAUWE VINVIS

OLIFANT

GIRAF

18 Hoe vul je het spreekwoord verder aan?
Wie niet waagt,
0 niet vraagt.
0 niet wint.
0 niet verliest.

19 In de tuin lopen evenveel kippen als konijnen. In het totaal hebben ze 12 poten. Hoeveel kippen en konijnen zijn er?

____

20 Hoeveel cirkels zijn hier getekend? __________________________

TEST 5

1 Hoeveel dagen telt een schrikkeljaar?

363 364 365 366 367

2 Zoek de boom die je kunt vormen met de letters van RASP.

____

3 Welke twee poesjes zijn helemaal gelijk? ____________________

4 Welk woord hoort hier niet thuis?

GROOT

REUSACHTIG

PETIETERIG

ENORM

5 Wat bestaat het langst?

0 De auto

0 Het vliegtuig

0 De trein

0 Het schip

6 Welk woord kun je vormen met de volgende woordjes?

TER MAAND WIN

7 Wie was Beethoven?

0 Een componist

0 Een schilder

0 Een schrijver

8 Hoeveel poten heeft een spin?

____

9 Hoe heet het jong van een varken?

WELP ZEUG BIG

10 Welk woord is juist geschreven?

COMPUTER

KOMPUTER

COMPOETER

KOMPJOETER

11 Hoe vul je het spreekwoord verder aan?

Zoals het klokje thuis tikt,

0 tikt het overal.

0 tikt het nergens.

0 tikt het soms.

12 Welk vierkant (A, B of C) moet op de plaats van het vraagteken komen?

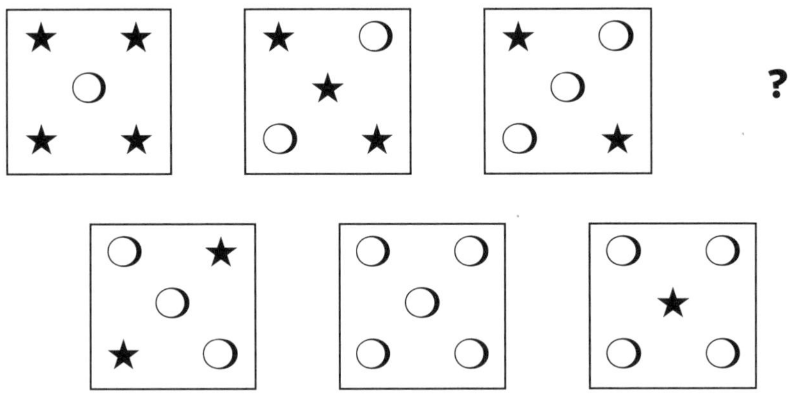

A B C

13 In deze zin zitten getallen verborgen. Wat is de som van al die getallen?

's Nachts rijdt Kristien met een vrachtwagen langs de rivier.

____

14 Met welke letter zet je de reeks verder?

A D G J M P ......

15 Groen staat tot gras zoals rood tot

PEER TOMAAT BLAD

16 Zoek de indringer.

6 14 28 4 13 20

17 Welk beroep zit verborgen in deze zin? ____________________

Ik eet graag gebak, kersentaart en vla.

18 Uit hoeveel lettergrepen bestaat het volgende woord? ________

HOTTENTOTTENTENTENTENTOONSTELLING

19 Als Kerstmis op een woensdag valt, welke dag is het dan op 28 december? ____

20 Welk figuurtje hoort hier niet thuis?

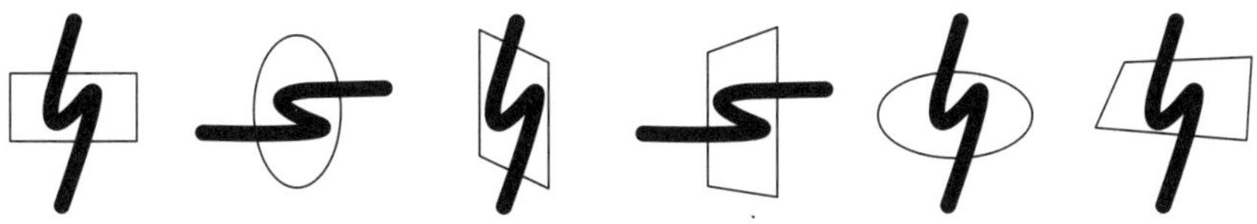

A B C D E F

OPLOSSINGEN REEKS 1

TEST 1

1. Egel
2. Zon
3. Clown 4
4. Een menseneter
5. 6 euro
6. Het middelste (is geen kaart-symbool)
7. Dapper
8. 24 (telkens +3)
9. Siv = vis
10. Een schilder
11. 6 kwartier
12. Misschien
13. D (telkens 1 bolletje meer en 1 vierkantje minder)
14. April
15. Rood (zegt niets over temperatuur)
16. D (heeft slechts 3 bolletjes)
17. West
18. 19
19. Lelijk
20. Pannenkoek

TEST 2

1. Vroeg gaan slapen
2. Pruim
3. 52
4. Prei
5. Een strijdbijl
6. Stier
7. Wortel (is geen fruit)
8. 70 (telkens -5)
9. Nachtmerrie
10. 150 gram
11. Blaf
12. Het blindenschrift
13. G en H
14. 95 jaar
15. V + VI = XI
16. Wijzerplaat
17. ... dan tien in de lucht
18. 7 vierkanten
19. Ver
20. Overgrootmoeder

TEST 3

1. Draakje 6
2. Een millennium (1000 jaar)
3. Reclame
4. Televisie
5. Aan
6. Vlo
7. 33 (telkens +4)
8. Opgewekt
9. Reus (de andere zijn klein)
10. 7 maanden (januari, maart, mei, juli, augustus, oktober, december)
11. Bal
12. D (van boven naar beneden telkens 1 bolletje meer en van links naar rechts telkens 1 bolletje minder)
13. Teef
14. Een halfuur
15. Iemand die postzegels verzamelt.
16. R en S
17. Madrid
18. 37
19. Paard
20. Geen rook zonder vuur

TEST 4

1. Zeggen wat je denkt.
2. A (de donkere cirkel schuift geleidelijk over de witte cirkel)
3. Een
4. Peer
5. Donderdag
6. Zeer (is geen smaak)
7. Een zeilschip met drie masten
8. Kiwi
9. 64 (telkens x2)
10. Verpleegster
11. Haan
12. Een ontdekkingsreiziger
13. Water
14. 26 letters
15. Donderwolk
16. 3
17. Blauwe vinvis
18. ... niet wint
19. 2 kippen en 2 konijnen
20. 8 cirkels

TEST 5

1. 366 dagen
2. Spar
3. 3 en 6
4. Petieterig (is niet groot)
5. Het schip
6. Wintermaand
7. Een componist
8. 8 poten
9. Big
10. Computer
11. ... tikt het nergens.
12. C (telkens 1 ster minder en 1 rondje meer)
13. 31
14. S (telkens 2 letters overslaan)
15. Tomaat
16. 13 (is niet deelbaar door 2 of is het enige getal dat alleen deelbaar is door 1 en door zichzelf)
17. Bakker
18. 10 lettergrepen
19. Zaterdag
20. C (de bliksem staat hier in de lengterichting van het figuurtje)

SCORETABEL REEKS 1

Voor elke IQ-vraag die je juist hebt beantwoord, mag je een vakje kleuren. Schrijf onderaan, in de rij naast T, hoeveel vakjes je per test gekleurd hebt. Voor elke test zijn er drie kolommen. Je kunt een test dus twee keer overdoen om je puntenscore te verbeteren.

	TEST 1			TEST 2			TEST 3			TEST 4			TEST 5		
1															
2															
3															
4															
5															
6															
7															
8															
9															
10															
11															
12															
13															
14															
15															
16															
17															
18															
19															
20															
T															

REEKS 2

TEST 6

1 Wat is het beroep van iemand die een beklaagde verdedigt in een rechtszaak?

0 Notaris

0 Advocaat

0 Rechter

2 Welke letter moet achter het gelijkheidsteken komen?

3 Pijl staat tot boog zoals kogel tot

SCHOT MES KANON

4 Welk vierkant (A, B of C) moet in de plaats van het vraagteken komen?

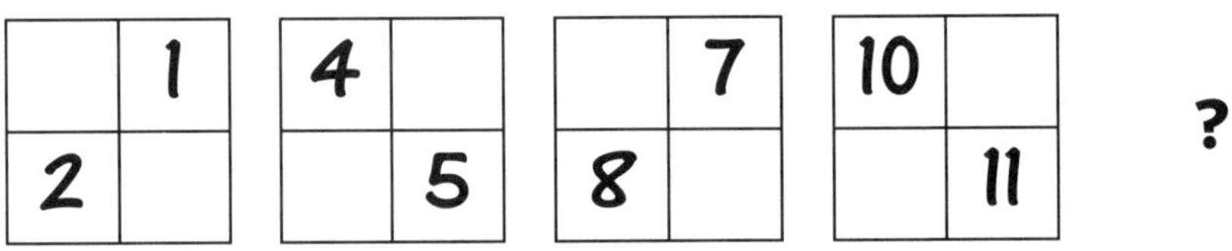

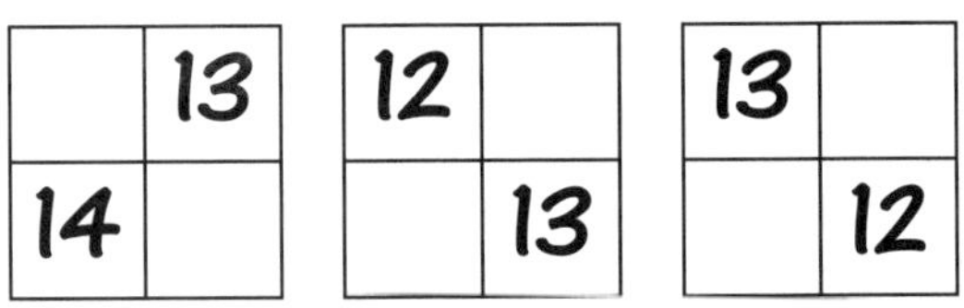

A B C

5 Welk woord van 3 letters kan op de plaats van de puntjes komen?

ST . . . M . . .

. . . WERK V . . . WERK

6 Zoek het dier dat je kunt vormen met de letters van GLANS.

____

7 Wat is een iglo?

0 Een Italiaans ijsje

0 Een sneeuwhut

0 Een slede met een motor

8 Bij de volgende woorden staan de letters door elkaar.
Welk van die woorden is geen fruitsoort?

REKS TREW REEP PAPEL

9 Welk woord hoort hier niet thuis?

JUDO KARATE BOKSEN FIETSEN

10 Hoeveel weken zijn er in een halfjaar?

____

11 Welk woord kun je vormen met de volgende lettergrepen?

NO RUS SAU DI

12 Hoe vul je het spreekwoord verder aan?

Waar een wil is,

0 is een weg.

0 is geen verdriet.

0 is winst.

13 Welke figuur past niet in deze reeks?

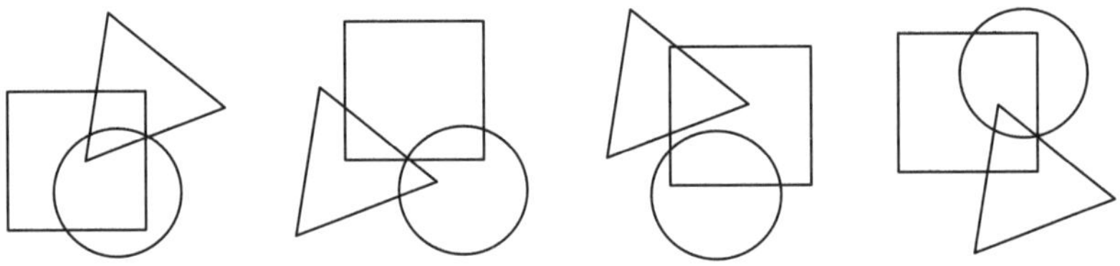

A B C D

14 Welk muziekinstrument zit verborgen in deze zin?

Ik hoor geld op de grond vallen.

15 Met welke letter zet je de reeks verder?

Z X V T R P N

16 Wat betekent de uitdrukking 'met de deur in huis vallen'?
0 Struikelen
0 De sleutel vergeten zijn
0 Meteen zeggen waarvoor je komt

17 In deze zin zitten getallen verborgen. Wat is de som van al die getallen?

Martien tracht haar verdriet te verdringen door op het klavier een zelf geschreven muziekstuk te spelen.

18 Wie vond de telefoon uit?
0 Thomas Alva Edison
0 Graham Bell
0 Samuel Morse

19 Welke uitdrukking is hier uitgebeeld?

beideKOMENbeide

20 Wat betekent GIGANTISCH?
0 Reusachtig groot
0 Enorm klein
0 Vreselijk rijk

TEST 7

1 Welk cijfer komt in dit rooster het meest voor?

32	6	64
78	26	63
9	45	39

---

2 Welk woord hoort hier niet thuis?

DOLFIJN PALING
KABELJAUW MAKREEL

3 Wat is een speleoloog?

0 Iemand die spelletjes uitvindt.
0 Iemand die bergen beklimt.
0 Iemand die grotten verkent.

4 Welk figuurtje (A, B of C) moet op de plaats van het vraagteken komen?

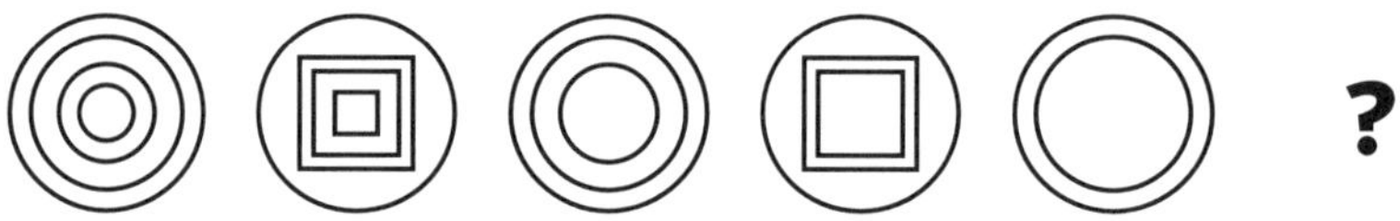

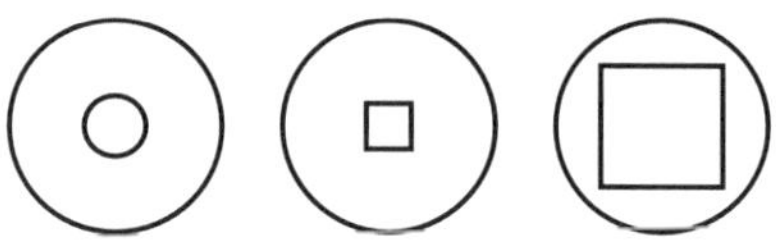

A B C

5 Een kiwi is een fruitsoort, maar ook een...

VOERTUIG VOGEL KLEUR

6 Welk woord van 3 letters kan op de plaats van de puntjes komen?

KE . . .	O . . .
HA . . .	. . . HAAL
. . . S	. . . TE

7 Hoe heet het jong van een wolf?

PUPPY KITTEN WELP

8 Welk woord kun je vormen met de volgende lettergrepen?

TER PU SPEL COM

9 Welk woord is juist geschreven?

ONMIDDELIJK
ONMIDDELLIJK
ONMIEDELIJK
ONMIDELLIJK

10 Wat betekent de uitdrukking 'het been stijf houden'?

0 Niet willen toegeven

0 Niet willen gaan zitten

0 Zich klaarmaken voor een trap

11 Zoek de vogel die je kunt vormen met de letters van DEEN.

____

12 Welke groente zit verborgen in de volgende zin?

Oma was ziek, want oma at rotte vis.

____

13 Welke twee letters ontbreken in deze reeks?

H I J K M O P Q R

____

14 Hoeveel vierkanten tel je? ____________________________

15 Welke 2 figuurtjes zijn helemaal gelijk? ____________________

1 2 3 4 5 6

16 Wat betekent de afkorting EU?

____

17 Welk getal ontbreekt?

2	3	5	8	12		23	30

18 Hoe hoog is de Mount Everest, de hoogste berg ter wereld?

5880 m **8850 m** **9999 m**

19 Wat drinkt de koe?

WATER MELK BIER

20 Welk cijfer en welke letter komen in het laatste vak?

2 **a**	**3** **c**	**4** **e**	**2** **g**	**3** **i**	**4** **k**	**2** **m**	

TEST 8

1 Welk woord van 3 letters kan op de plaats van de puntjes komen?

. . . KON . . . LON . . . LEN

2 Welk gezichtje hoort hier niet thuis? ______________________

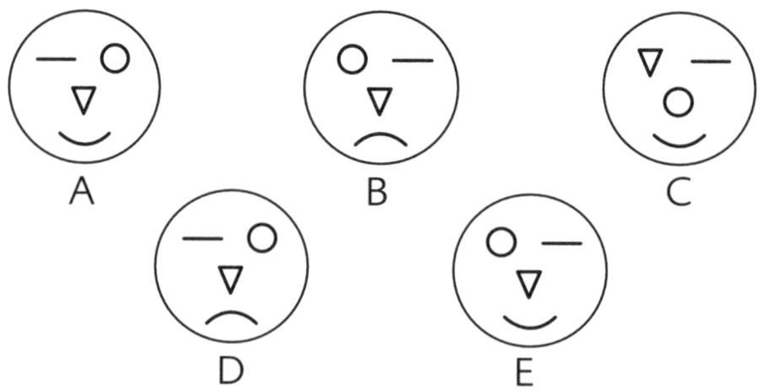

3 Welk woord kun je vormen met de volgende lettergrepen?

MO TIEF CO LO

4 Waarop zit een fakir?

0 Op rode rozen
0 Op een spijkerbed
0 Op gouden eieren

5 Zoek het insect dat je kunt vormen met de letters van LEKKER.

____

6 Welk woord hoort niet thuis in het rijtje?

DOG

SIAMEES

POEDEL

CHOWCHOW

7 Wie was Charlie Chaplin?

0 Een zanger

0 Een acteur

0 Een goochelaar

8 Hoe kun je deze opgave laten kloppen door één spijker te verleggen?

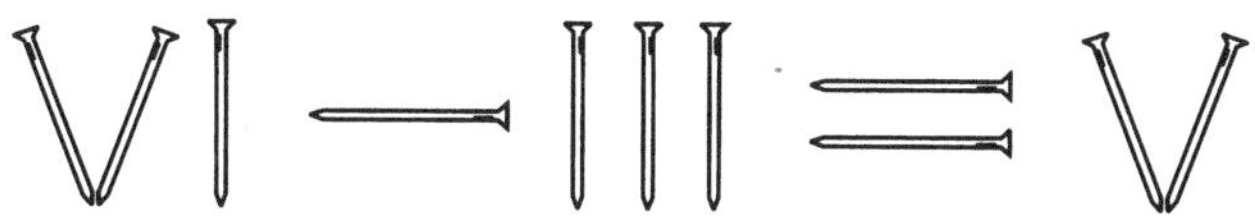

9 In de Eikendreef staan 7 eiken. De eiken staan telkens op 10 meter van elkaar. Wat is de afstand van de eerste tot de zevende eik?

____

10 Welk woord is hetzelfde als KRIJGEN?

GEVEN ONTVANGEN NEMEN VRAGEN

11 Met welk woord kun je deze logische reeks aanvullen?
Kies uit: broer, nicht, dochter, kleinkind.

MA OMA PAPA TANTE MOEDER ?

12 Hoe vul je het spreekwoord verder aan?
De appel valt niet ver van
0 de boom.
0 de peer.
0 de boomgaard.

13 Welk vierkant (A, B of C) komt in de plaats van het vraagteken?

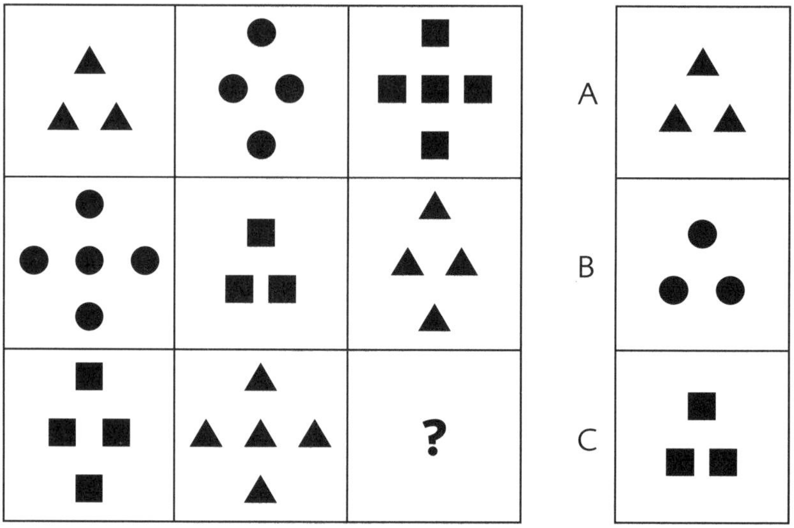

14 Hoeveel maanden zijn er in drie trimesters?

____

15 Schud de letters van de naam door elkaar om het beroep van de man te kennen.

MARKO SCHEEN

16 Welk woord hoort hier niet thuis?

DUITSLAND NEDERLAND
FRANKRIJK AMSTERDAM

17 Welke twee letters ontbreken in deze reeks?

E	G	H	I	K	L	M	N	O

18 Hoe heet het vrouwtje van een varken?

ZEUG BIG MERRIE

19 Wat betekent 'het hazenpad kiezen'?
0 Op hazen jagen
0 Het mooiste pad kiezen
0 Wegvluchten

20 Welke taal zit verborgen in deze zin?

Dat paard uit Spanje is erg schichtig.

____

TEST 9

1 Wat is de waarde van W?

F = 6	K = 11	T = 20	B = 2	N = 14	W = ?

2 Met welk woord zet je deze logische reeks verder?
Kies uit: maandag, postbode, olifant, ring.

JAS KAMER LAWAAI MUIS NEGEN ?

3 Welke lijn of lijnen (A, B of C) komen op de plaats van het vraagteken?

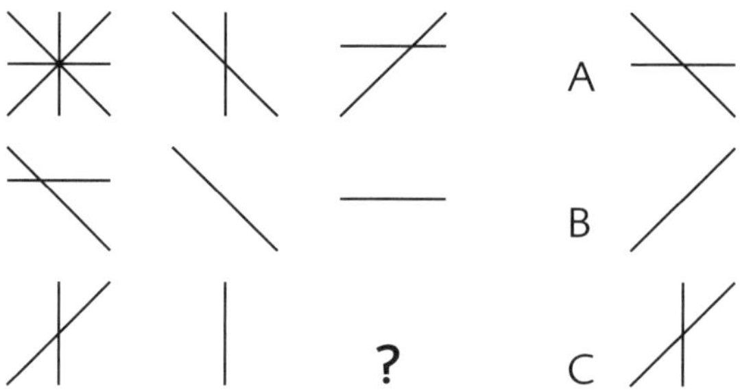

4 Welk dier stoot zich volgens het spreekwoord niet tweemaal aan dezelfde steen?

PAARD EZEL VARKEN KOE

5 Een vegetariër is iemand die
0 geen groenten eet.
0 geen bier drinkt.
0 geen vlees eet.

6 Welke twee auto's zijn gelijk? ______________________________

7 Wat is de zoon van de zus van je vader van jou?

0 Je oom

0 Je neef

0 Je grootvader

8 Mooi staat tot lelijk zoals groot tot

ENORM	KLEIN	VEEL

9 Welk woord hoort niet thuis in het rijtje?

TENNIS VOETBAL BASKETBAL JUDO

10 Welk woord van 3 letters kan op de plaats van de puntjes komen?

D . . . N   P . . . T

V . . . TAAN   GEB . . . TE

11 Hoe heet de kleinste planeet van ons zonnestelsel?

MERCURIUS MARS VENUS

12 In elk van deze vijf vierkanten zitten de getallen van een maaltafel, maar in één vierkant is een indringer geslopen. Welk vierkant is dat?

2	10	3	12	4	16	5	15	6	12
24	36	21	27	25	40	20	35	24	36
A		B		C		D		E	

13 Wat betekent de uitdrukking 'met lange tanden eten'?
0 Met tegenzin eten
0 Tandpijn hebben
0 Heel vlug eten

14 Wat is een meteoroloog?
0 Iemand die meteoren bestudeert.
0 Iemand die het weer voorspelt.
0 Iemand die meters maakt.
0 Iemand die wegen aanlegt.

15 Zoek de vogel die je kunt vormen met de letters van STERKE.

____

16 Welke kleur zit in de volgende zin verborgen?

Ik heb voor An jeukpoeder meegebracht.

____

17 Tim en Tom hebben samen 20 euro gespaard. Tom heeft in zijn spaarpot 2 euro meer dan Tim. Hoeveel euro heeft Tim?

____

18 Met welk van deze lettergroepjes kun je niet de naam van een maand vormen?

TRAMA RIPAL LIJUL BROKTOE

19 Wie was Napoleon?

0 Een Duitse koning
0 Een Engelse generaal
0 Een Franse keizer

20 Welk getal moet in het grijze vakje komen?

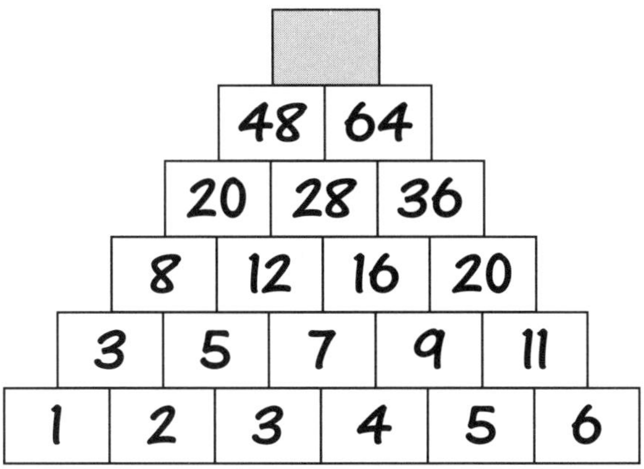

TEST 10

1 Hoeveel konijnen heb je nodig om de derde weegschaal in evenwicht te brengen. Of met andere woorden: hoeveel konijnen wegen evenveel als de kip en de haan samen? ___________________

2 Welk woord hoort niet thuis in het rijtje?

PARIJS BRUSSEL LONDEN DUITSLAND

3 Hoe vul je het spreekwoord verder aan?
Blaffende honden
0 zijn gevaarlijk.
0 bijten niet.
0 mag je niet strelen.

4 Hoe heet het vrouwtje van een paard?

MERRIE HENGST VEULEN

5 Hoeveel poten hebben 3 spinnen, 3 vlinders, 3 kippen en 3 varkens samen?

____

6 Welk woord kun je vormen met de volgende lettergrepen?

WIJ   DER   ON   ZER

7 Welke klinker ontbreekt in deze 3 woorden?

. . T L . P . L

G . L . . R D .

. . N D . N . I . R . N

8 Met welk van de figuurtjes (A, B, C of D) zet je deze logische reeks verder?

A   B   C   D

9 Welk woord van 3 letters kan op de plaats van de puntjes komen?

S F . . .   P . . .

V E R K . . .   I J S B . . .

10 Welk lichaamsdeel zit verborgen in deze zin? _______________

Ik ben kelner en welk beroep heb jij?

11 Hoe laat is het als de grote wijzer op de 6 staat, de kleine tussen 3 en 4 en het buiten niet donker is?

____

12 Bekijk het volgende woord langs alle kanten. Wat is er speciaal aan?

____

____

KOORTSMEETSYSTEEMSTROOK

13 In welke maand begint de lente?

JANUARI FEBRUARI MAART APRIL

14 Welk is het ontbrekende getal? ______________________

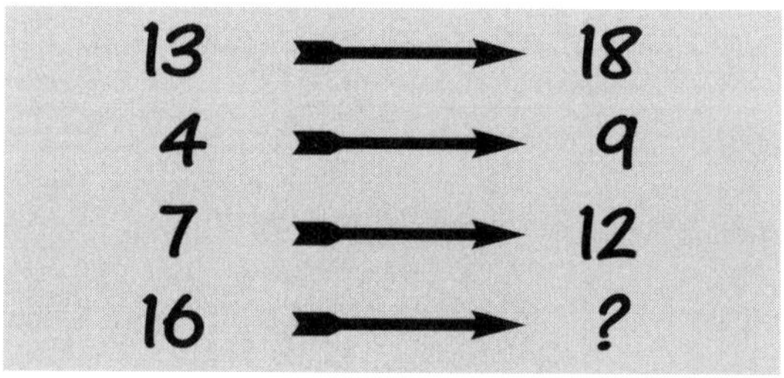

15 Wie was Thomas Alva Edison?

0 De uitvinder van de trein
0 De uitvinder van de gloeilamp
0 De uitvinder van de computer
0 De uitvinder van de compactdisc

16 Welke figuur komt in het lege vierkant?

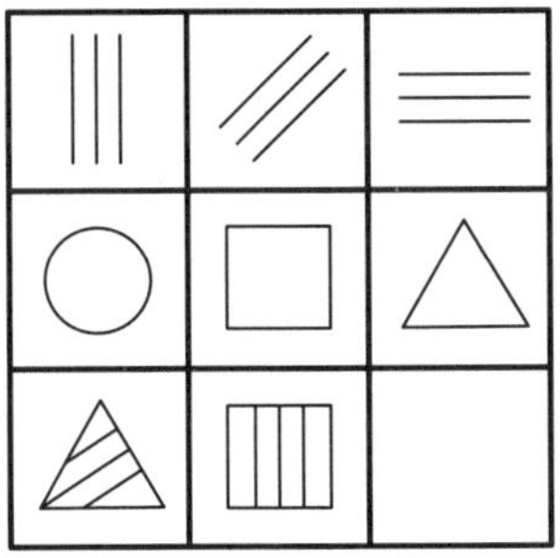

17 Wat betekent TRANSPARANT?

SCHUIN DOORSCHIJNEND KOORTSIG

18 Pagina staat tot boek zoals
0 boom tot blad.
0 schrijver tot bibliotheek.
0 baksteen tot muur.

19 Welk zoogdier kun je vormen met de letters van VUIL SMEER?

____

20 Waarom is het getal 22 in deze reeks een indringer?

33	18	22	24	6	15	21	27

____

OPLOSSINGEN REEKS 2

TEST 6

1. Advocaat
2. De letter X (Romeins cijfer voor 10)
3. Kanon
4. A (zowel boven als onder telkens +3)
5. Uur
6. Slang
7. Een sneeuwhut
8. Erwt
9. Fietsen (is geen vechtsport)
10. 26
11. Dinosaurus
12. ... is een weg
13. C (driehoek en cirkel overlappen elkaar niet)
14. Orgel
15. L (telkens een letter overslaan in het omgekeerde alfabet)
16. Meteen zeggen waarvoor je komt
17. 37
18. Graham Bell
19. Tussenbeide komen
20. Reusachtig groot

TEST 7

1. Het cijfer 6
2. Dolfijn (is geen vis)
3. Iemand die grotten verkent
4. C (de figuurtjes zijn afwisselend rond en vierkant en telkens is er 1 figuurtje minder)
5. Vogel
6. Ver
7. Welp
8. Computerspel of spelcomputer
9. Onmiddellijk
10. Niet willen toegeven
11. Eend
12. Tomaat
13. L en N
14. 8 vierkanten
15. 1 en 5
16. Europese Unie
17. 17 (+1 +2 +3 +4...)
18. 8850 m
19. Water
20. 3 en o (de cijfers 2, 3, 4 keren steeds terug en bij de letters wordt telkens een letter overgeslagen)

TEST 8

1. Bal
2. C (er is geen rond oog en de neus is geen driehoekje)
3. Locomotief
4. Op een spijkerbed
5. Krekel
6. Siamees (is geen hond)
7. Een acteur
8. VI - II = IV
9. 60 m
10. Ontvangen
11. Dochter (de naam van elk familielid heeft telkens één letter meer)
12. ... de boom
13. B (in elke rij staan 3 verschillende figuurtjes)
14. 9 maanden
15. Schoenmaker
16. Amsterdam (is geen land)
17. F en J
18. Zeug
19. Wegvluchten
20. Duits

TEST 9

1. 23 (het getal is de plaats van de letter in het alfabet)
2. Olifant (de woorden staan alfabetisch gerangschikt)
3. B (het eerste figuurtje van elke rij is de 'som' van de twee volgende figuurtjes in de rij)
4. Ezel
5. ... geen vlees eet.
6. 2 en 5
7. Je neef
8. Klein
9. Judo (is geen balsport)
10. Oor
11. Mercurius
12. C (25 is niet deelbaar door 4)
13. Met tegenzin eten
14. Iemand die het weer voorspelt.
15. Ekster
16. Oranje
17. 9 euro
18. Lijul
19. Een Franse keizer
20. 112 (elk getal is de som van de twee getallen eronder)

TEST 10

1. 2 konijnen
2. Duitsland (is geen stad)
3. ... bijten niet.
4. Merrie
5. 60 poten
6. Onderwijzer
7. De klinker E
8. A (driehoek en cirkel wisselen elkaar af en kantelen telkens)
9. Eer
10. Enkel
11. 15u.30
12. Het is een woord dat je van links naar rechts en omgekeerd kunt lezen. Dat noemt men een palindroom.
13. Maart
14. 21 (telkens +5)
15. De uitvinder van de gloeilamp
16. D (in elke rij zijn er 3 verschillende figuren en ook de strepen lopen in 3 richtingen)
17. Doorschijnend
18. Baksteen tot muur
19. Vleermuis
20. Het is niet deelbaar door 3

SCORETABEL REEKS 2

Voor elke IQ-vraag die je juist hebt beantwoord, mag je een vakje kleuren. Schrijf onderaan, in de rij naast T, hoeveel vakjes je per test gekleurd hebt. Voor elke test zijn er drie kolommen. Je kunt een test dus twee keer overdoen om je puntenscore te verbeteren.

	TEST 6			TEST 7			TEST 8			TEST 9			TEST 10		
1															
2															
3															
4															
5															
6															
7															
8															
9															
10															
11															
12															
13															
14															
15															
16															
17															
18															
19															
20															
T															

REEKS 3

TEST 11

1 Wat is geen voetbalterm?

PENALTY BARKEEPER
AFTRAP ARBITER

2 Schud de letters door elkaar om het beroep te vinden van deze man. ____

WARD NEBERMAN

3 Hoeveel verschillende letters zitten in het woord LIEVEHEERS-BEESTJE? ____

4 Welk figuurtje past niet in deze reeks?

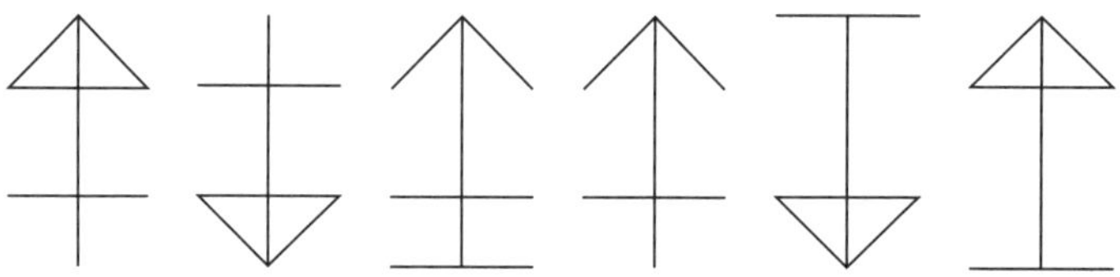

A B C D E F

5 Waarvoor staan de letters EHBO? __________________________

6 Wat is geen vogel?

KWIKSTAART LUISTERVINK
WINTERKONING KOLIBRIE

7 Welke sleutel is gelijk aan sleutel nummer 2? ____________________

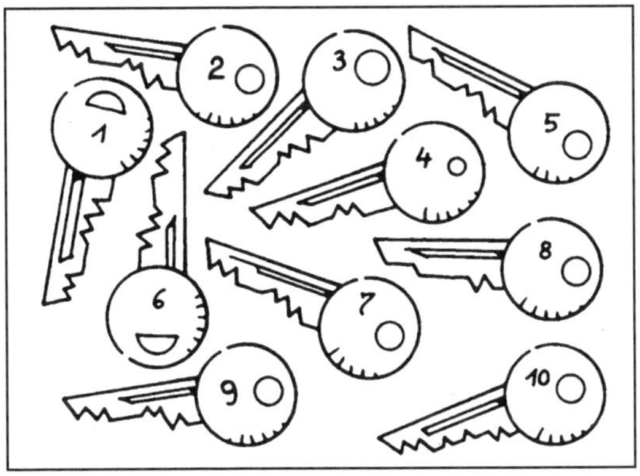

8 Welk familielid zit in deze zin verborgen? ______________________

Ik vind die film met die sultan te gek!

9 Welk woord van 3 letters kan op de plaats van de puntjes komen?

M . . .　　　　V . . .

ST . . .　　　　PAP . . .

10 Welke twee getallen passen niet in de reeks?

15　20　50　60
75　40　68
25　45　14　30　10

11 Hoe heet het gebogen houten voorwerp dat vanzelf terugkeert naar degene die het weggooit? ______________________________

12 Welk vierkantje (A, B of C) moet op de plaats van het vraagteken komen?

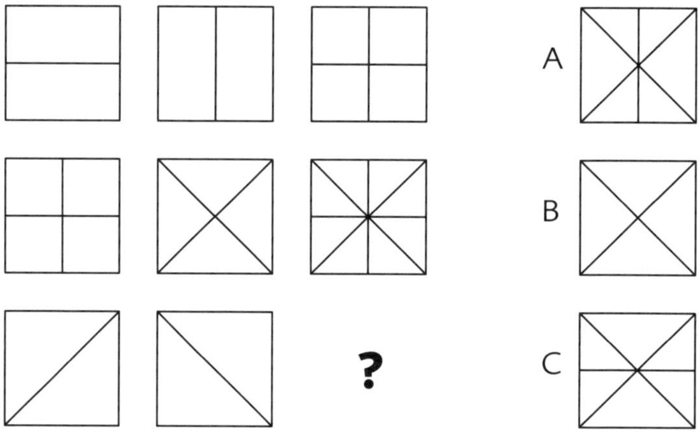

13 Wat is een wigwam?

0 Een paalwoning
0 Een berghut
0 Een indianentent

14 Welk getal krijg je als je de volgende optelling maakt:

Het aantal ogen van een dobbelsteen
+ het aantal dagen van de maand oktober
+ een half dozijn

____

15 Welk dier kun je vormen met de volgende lettergrepen?

ME RIS DA DRO

____

16 Welke sport lees je als je de getallen vervangt door de overeenstemmende letter uit het alfabet? ____________________________

20 - 5 - 14 - 14 - 9 - 19

17 Wat betekent de uitdrukking 'op zijn pootjes terechtkomen'?

0 Dat je goed kunt springen.

0 Dat het in orde komt.

0 Dat je met een kat speelt.

18 Welk getal lees je hier? ____________________________________

19 Welk woord hoort er niet bij?

AARDAPPEL EI SUIKERBIET SLA

20 Haal uit elke cirkel de dubbele letter. Welk muziekinstrument maak je met die letters? ____________________________________

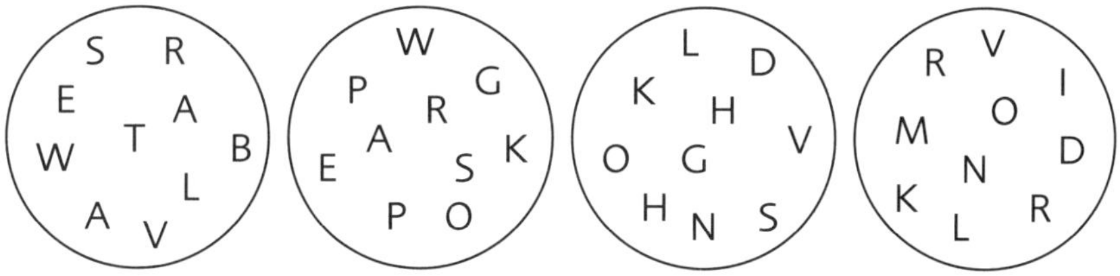

TEST 12

1 Het schaap weegt 10 kilo meer dan de aap. Hoeveel weegt de aap?

2 Hoe vul je het spreekwoord verder aan?
Als de kat van huis is
0 is de hond de baas.
0 zijn de vogels blij.
0 dansen de muizen op tafel.

3 Wat kun je niet eten?

APPELBEIGNET BITTERBAL
NOGA APPELWANGEN

4 Welk is het volgende getal in deze reeks?

57	51	45	39	33	27	?

5 Welk woord hoort niet thuis in het rijtje?

MARS MAAN JUPITER VENUS

6 Wat is een WIELEWAAL?

0 Een Waalse wielrenner

0 Een vogel

0 Een muziekinstrument

7 Welk kruis past niet in deze reeks? ________

A B C D E

8 Wat hoort niet thuis in het schaakspel?

0 Een ruiter

0 Een paard

0 Een koning

0 Een toren

9 Welk beroep lees je als je de getallen vervangt door de overeenstemmende letter uit het alfabet?

4 - 15 - 11 - 20 - 5 - 18

____

10 Welk woord kun je vormen met de volgende lettergrepen?

IN MENT SLAG STRU

11 Welk getal moet in de plaats van het vraagteken komen? ______

$$\begin{array}{r} 289 \\ +\ 5?4 \\ \hline 813 \end{array}$$

12 Welk woord van 3 letters kan op de plaats van de puntjes komen?

. . . L	. . . AL
PA . . .	. . . ART
BE . . . AN	ZE . . . L

13 Wat is een FATA MORGANA?
0 Een helderziende
0 Een luchtspiegeling
0 Een Indisch gerecht

14 Welke cirkel (A, B of C) moet in de plaats van het vraagteken komen?

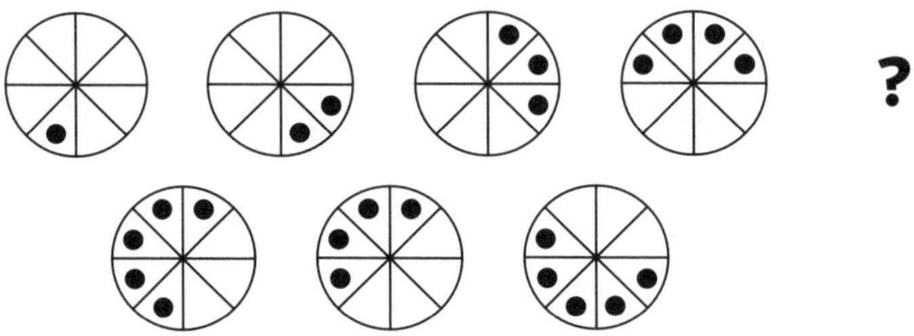

A B C

15 Hoeveel kleuren heeft een regenboog?

____

16 Wat is de juiste schrijfwijze?

NIEUWSCHIERIG
NIEUWSGIERIG
NIEUSGIERIG

17 Welke rekensom hoort hier niet thuis?

53 - 18 **17 + 19**
7 x 5 **70 : 2**

18 Schud de letters door elkaar om het beroep te vinden van deze man. ______________________________

ERIC DU RET

19 Welk woord betekent dat je grote schulden hebt en geen geld om die af te betalen?
0 BANKROET
0 BANKROOD
0 BANKZWART

20 Welke vogel is hier door elkaar geschud?

GELACHTAAN

____

TEST 13

1 Van welk dier moet je, volgens het spreekwoord, de huid niet verkopen voordat hij geschoten is?

EZEL BEER PAARD WOLF

2 Welk woord kun je vormen met de volgende lettergrepen?

ME MO THER TER

____

3 Wat deden de gebroeders Grimm?

0 Ze vonden een filmprojector uit.
0 Ze waren de eerste luchtvaartpiloten.
0 Ze verzamelden sprookjes.

4 Welke figuur past niet in deze reeks? ______

A B C D E

5 Wat is geen dans?

BOLERO TANGO
MIKADO WALS

6 Hoeveel verschillende letters zitten in dit woord? ______________

LUILEKKERLAND

7 Welk vuurtje is helemaal gelijk aan vuurtje nummer 6? _________

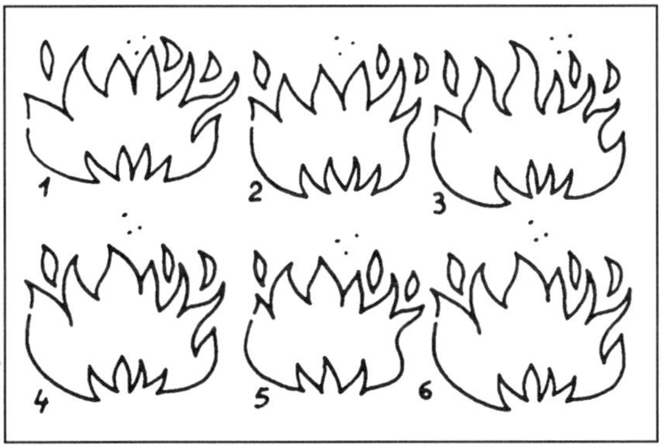

8 Tel op! ________________________

* Het aantal dagen in december.
* Het aantal maanden in een jaar.
* Het aantal uren in een dag.
* Het aantal seconden in een minuut.

9 Welk getal hoort hier niet thuis?

1397	7139	1793	3739	9731

10 Welk woord hoort niet thuis in het rijtje?

SCHILDPAD ADDER KROKODIL KIKKER

11 Schud de letters door elkaar om het beroep te vinden van deze man.

Mart Immen

____

12 Welk woord hoort hier niet thuis?

0 MAZELEN
0 MALARIA
0 RODE HOND
0 GEELVONK
0 GRIEP

13 Peper staat tot zout als pen tot

PAPIER   KARTON   POTLOOD

14 Welk kruis past niet in de reeks?

A   **B**   **C**   **D**   **E**

15 Welk land zit in deze zin verborgen?

Ik heb die geit al iets te drinken gegeven.

____

16 Welk woord van 3 letters kan op de plaats van de puntjes komen?

. . . K	. . . AP
. . . CHT	. . . GER
. . . NK	. . . VERNIJ

17 Welk gezichtje past niet in deze reeks?

A B C D E

18 Wat is de som van de getallen die in deze zin verborgen zitten?

Het verdriet van Martien De Wachter is gemeend, want nu moet ze zelf opdraaien voor het verlies van haar klavier.

____

19 Met welke letter zet je deze reeks verder?

V S P M J ?

20 Wie was John F. Kennedy?

0 Een Amerikaanse president
0 Een sportman
0 Een jazzmuzikant

TEST 14

1 Welke getallen komen in de lege rondjes?

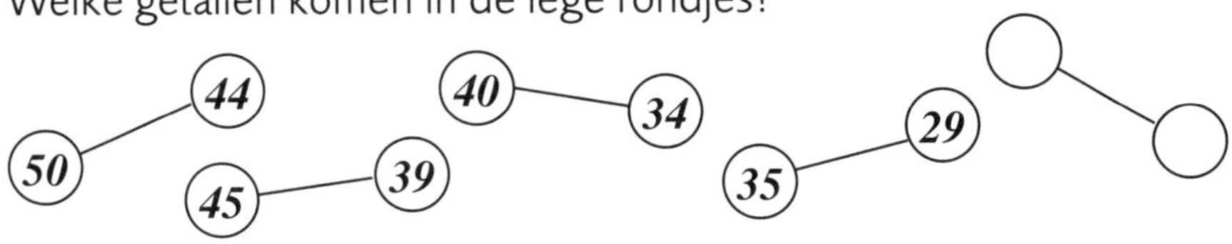

2 In elk van deze woorden zit een ander woord verborgen. Als je dat vindt, weet je ook wat de logische volgorde van deze woorden is.

VERDRIETIG STEEN RIVIER TWEELING

____

3 Wat betekent de uitdrukking 'een uiltje knappen'?

0 Een ritje maken

0 Een vogel vangen

0 Een dutje doen

4 Welk dier kun je vormen met de volgende lettergrepen?

VAR STE KEN KEL

____

5 Welke vis van vier letters is tegelijk een lichaamsdeel? __________

6 Welk woord kun je maken met de volgende lettergrepen?

KRAB KEN BER WOL

____

7 Welke pijl moet in de plaats van het vraagteken komen? ________

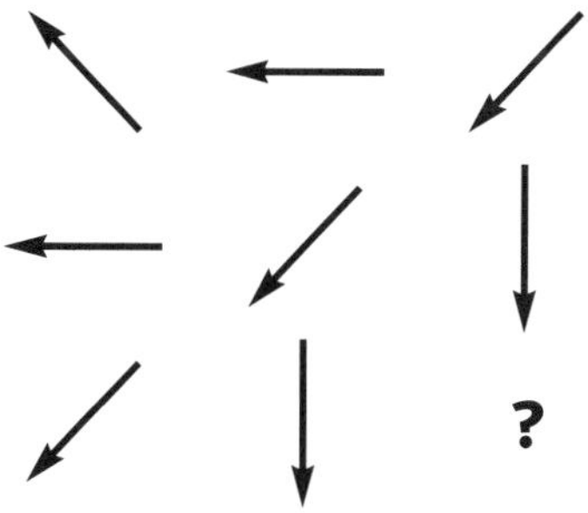

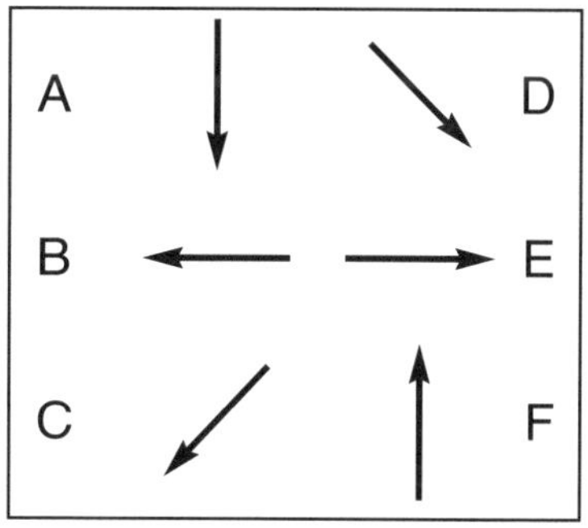

8 Wat is geen dier?

LUIAARD

OELEWAPPER

OKAPI

KOALA

9 Hoeveel verschillende letters zitten in het volgende woord? _____

PARALLELLOGRAM

10 Welk woord van 3 letters kan op de plaats van de puntjes komen?

B . . .	R . . .
FR . . .	SP . . .
SCH . . .	KAJ . . .

11 Welke twee figuurtjes zijn helemaal gelijk? Opgelet: ze kunnen gedraaid liggen!

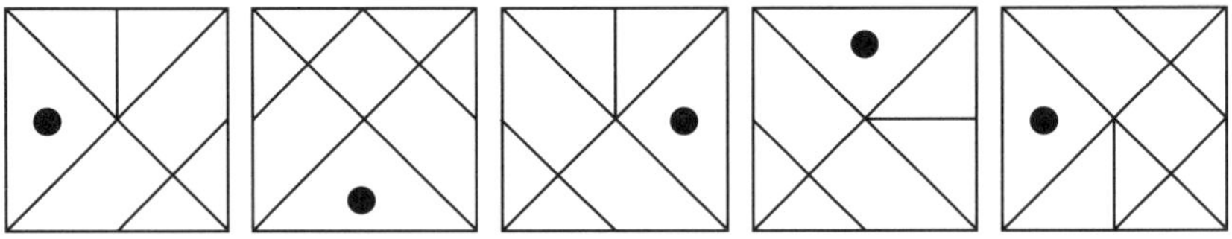

A B C D E

12 Zoek het dier dat je kunt vormen met de letters van KOEHOREN.

____

13 Kameel staat tot bult als haai tot

VIN WATER VIS

14 Welk woord zit verborgen in dit raadsel? ____________________

Mijn eerste lijkt op een kind.
Mijn tweede doop je in de inkt.
Mijn derde dient om iets in op te bergen.
Mijn geheel is een theater in het klein.

15 Welke vogel draait hier een rondje?

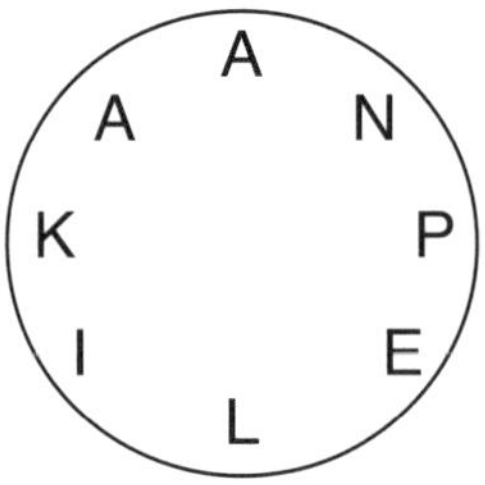

16 Welk woord hoort niet thuis in het rijtje?

TULP ROOS BEUK LELIE

17 Welk beroep wordt hier in geheimschrift weergegeven?

⬭▽❄ □⬠☆⬆◎ ☢⬠☆◎	OPA LIEGT NIET
▽⬭□⬠◎⬠☆❄⬆☆☢◎	?

18 Zoek de twee vissen die in deze zin verborgen zitten.

Is Joop al ingelicht over het ongeluk in Luxemburg?

____

19 Welk woord heeft dezelfde betekenis als WELGESTELD?

GEZOND	ZIEK
RIJK	ARM
OPGEWEKT	VERDRIETIG

20 Wat kun je doen met een barometer?

0 De temperatuur meten
0 De windsnelheid meten
0 De luchtdruk meten
0 De hoeveelheid neerslag meten

TEST 15

1 Wat is geen kleur?

MAUVE
BORDEAUX
VIOLET
OREGANO

2 Welke munt is volledig gelijk aan munt nummer 1? ______________

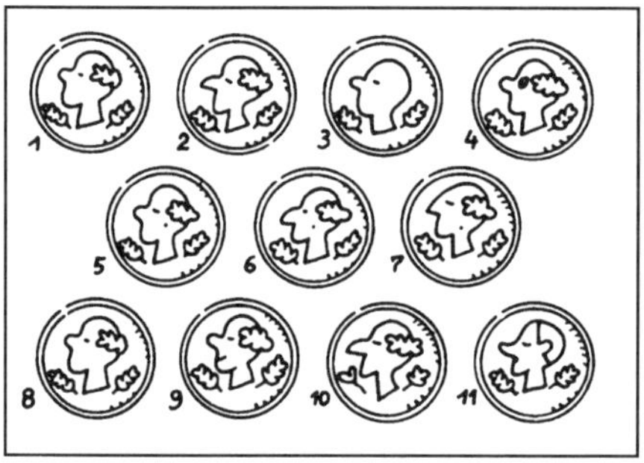

3 Zes stiften kosten 12 euro en twaalf potloden kosten 6 euro. Hoeveel moet je betalen als je twaalf stiften en zes potloden koopt?

____

4 Met welk getal zet je deze reeks verder?

10 20 15 25 20 30 25 35 ?

5 Welk woord hoort niet thuis in het rijtje?

APPEL BANAAN ANANAS SINAASAPPEL

6 Hoeveel keer werd hier OXO gevormd? Opgelet: ook schuin telt!

X	O	O	X
O	X	O	O
O	X	X	X
O	X	O	X

____

7 Welk woord van 3 letters kan op de plaats van de puntjes komen?

HO . . .   TI . . .

DIS . . .   WOR . . .

. . . LEN   . . . KENS

8 Tand staat tot gebit als

0 naald tot draad.

0 mes tot bestek.

0 brief tot postzegel.

9 Welk woord van vier letters is tegelijkertijd een dier en een gebruiksvoorwerp van een schilder?

____

10 Welk woord is juist gespeld?

JACHPARTIJ   JACHTPARTEI

JAGTPARTIJ   JACHTPARTIJ

11 Schud de letters door elkaar om het beroep van deze man te vinden.

BAS TER WOCH

---

12 Zoek de drie dieren die in deze zin verborgen zitten.

Koop aardappelen en leg ze koel weg naast deze lekkere andijvie.

---

13 Welke figuur past niet in deze reeks?

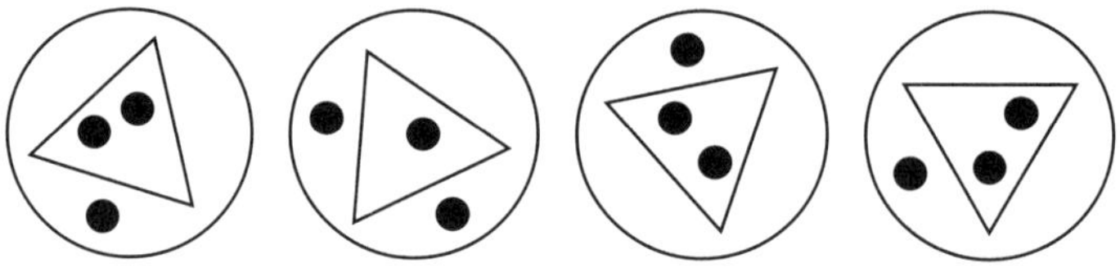

A B C D

14 Wat betekent de uitdrukking 'doen of je neus bloedt'?

0 Doen of je van niets weet.
0 Doen of je gewond bent.
0 Doen of je iets stinkends ruikt.

15 Welk woord van drie letters vormt zowel met het eerste als met het tweede woord een nieuw woord?

KANT . . . ZAAK

16 Welk woord kun je niet maken met de letters van STRUIKROVER? Opgelet: je mag een letter niet twee keer gebruiken!

ORKEST
RIVIER
RUITER
KORTER

17  staat tot 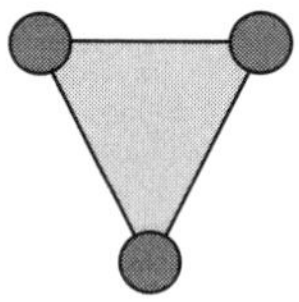 zoals 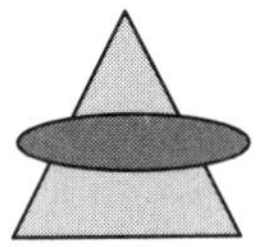 staat tot

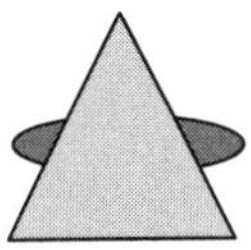
A

B

C

18 In welk jaar zette een mens voor de eerste keer een voet op de maan?

1896 **1926** **1969** **1996**

19 Oom Wies is de broer van mijn vader. Maarten is de broer van mijn oom, maar hij is niet mijn oom. Wie is hij dan wel?

____

20 Zoek het land dat je kunt maken met de letters van JAS en PEN.

____

OPLOSSINGEN REEKS 3

TEST 11

1. Barkeeper
2. Brandweerman
3. 10 letters
4. D (het enige figuurtje met slechts 1 horizontale lijn)
5. Eerste Hulp Bij Ongevallen
6. Luistervink
7. Sleutel 9
8. Tante
9. Ier
10. 14 en 68 (niet deelbaar door 5)
11. Boemerang
12. B (het eerste en tweede figuurtje op elkaar gelegd)
13. Een indianentent
14. 58
15. Dromedaris
16. Tennis
17. Dat het in orde komt.
18. 458
19. Ei (is geen plant)
20. Harp

TEST 12

1. 20 kg
2. ... dansen de muizen op tafel.
3. Appelwangen
4. 21 (telkens -6)
5. Maan (is geen planeet)
6. Een vogel
7. B (naar links of naar rechts draaiend moet er A, B, C, D te lezen zijn)
8. Een ruiter
9. Dokter
10. Slaginstrument
11. 2
12. Sta
13. Een luchtspiegeling
14. A (telkens 1 bolletje meer en het eerste bolletje staat telkens 1 vakje verder)
15. Zeven (rood, oranje, geel, groen, blauw, indigo, violet)
16. Nieuwsgierig
17. 17 + 19 (is niet 35 als uitkomst)
18. Directeur
19. Bankroet
20. Nachtegaal

TEST 13

1. Beer
2. Thermometer
3. Ze verzamelden sprookjes.
4. D (de enige figuur met 2 witte cirkels die elkaar raken)
5. Mikado
6. 9 letters
7. Nummer 4
8. 127
9. 3739 (bestaat niet uit de cijfers 1, 3, 7 en 9)
10. Kikker (is geen reptiel)
11. Timmerman
12. Geelvonk (is geen ziekte)
13. Potlood
14. D (de getallen van de maaltafel staan niet in de juiste volgorde)
15. Italië
16. Sla
17. B (de neus is geen rondje en de ogen staan alleen hier in het midden)
18. 37
19. G (het alfabet in omgekeerde volgorde met telkens 2 letters ertussenuit)
20. Een Amerikaanse president

TEST 14

1. 30 en 24 (telkens -5 voor het eerste en het tweede getal)
2. Steen, tweeling, verdrietig, rivier (in elk woord zit een getal verborgen: een, twee, drie, vier)
3. Een dutje doen
4. Stekelvarken
5. Tong
6. Wolkenkrabber
7. D (telkens een achtste draai verder)
8. Oelewapper
9. 8 letters
10. Uit
11. A en D
12. Eekhoorn
13. Vin
14. Poppenkast
15. Pelikaan
16. Beuk (is geen bloem)
17. Politieagent
18. Paling en tong
19. Rijk
20. De luchtdruk meten

TEST 15

1. Oregano
2. Nummer 8
3. 27 euro
4. 30 (afwisselend +10 en -5)
5. Appel (is geen tropisch fruit)
6. 6 keer
7. Tel
8. ... mes tot bestek.
9. Ezel
10. Jachtpartij
11. Boswachter
12. Paard, koe, ezel
13. B (er liggen 2 bolletjes naast de driehoek)
14. Doen of je van niets weet.
15. Oor
16. Rivier
17. B
18. 1969
19. Vader
20. Spanje

SCORETABEL REEKS 3

Voor elke IQ-vraag die je juist hebt beantwoord, mag je een vakje kleuren. Schrijf onderaan, in de rij naast T, hoeveel vakjes je per test gekleurd hebt. Voor elke test zijn er drie kolommen. Je kunt een test dus twee keer overdoen om je puntenscore te verbeteren.

	TEST 11			TEST 12			TEST 13			TEST 14			TEST 15		
1															
2															
3															
4															
5															
6															
7															
8															
9															
10															
11															
12															
13															
14															
15															
16															
17															
18															
19															
20															
T															

REEKS 4

TEST 16

1 Wat zijn de twee volgende getallen in dit rijtje?

100 97 95 92 90 87 85 ? ?

2 Welk woord kun je niet maken met de letters van STRAALJAGER?

JAARTAL TRAANGAS GLAASJE SLAGER

3 Welk vierkant past niet in deze reeks?

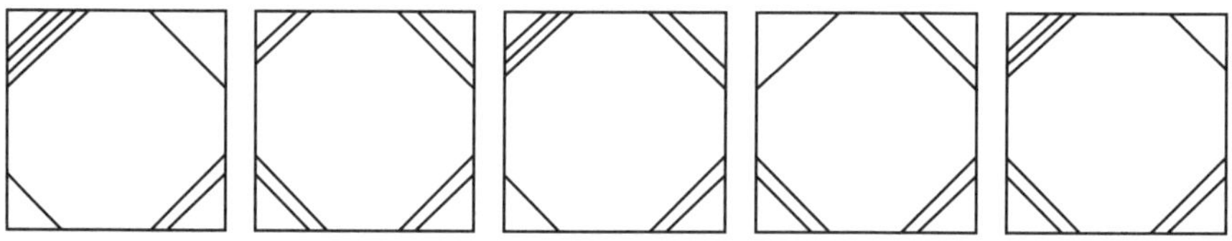

A B C D E

4 Welk woord van 4 letters kan op de plaats van de puntjes komen?

R . . . . VER . . . . EN

ST . . . . IJ . . . . AL

5 Wie sprak de woorden: 'Dit is een kleine stap voor de mens, maar een reuzenstap voor de mensheid'?

0 Edmund Hillary op de hoogste berg

0 Neil Armstrong op de maan

0 Columbus in Amerika

6 Welk woord van drie letters vormt zowel met het eerste als met het tweede woord een nieuw woord?

DOEL . . . TEL

7 Welke kleine cirkel past in de grote cirkel? ____________________

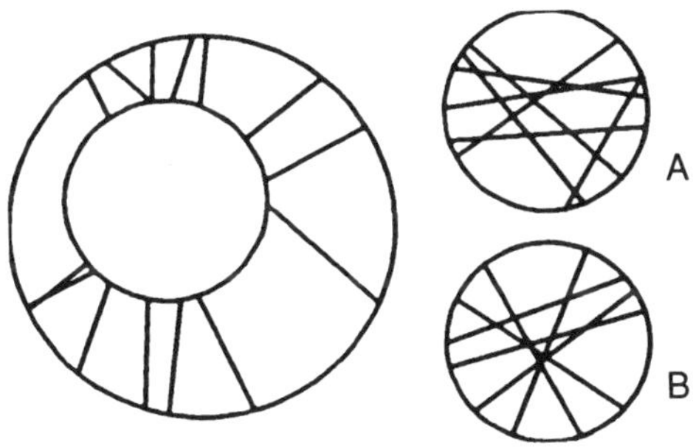

8 Welk van deze landen ligt niet in Europa?

GRIEKENLAND

NOORWEGEN

OOSTENRIJK

JAPAN

9 Welk woord kun je vormen met de volgende lettergrepen?

ME PAAL TER LO KI

____

10 Welk getal zoeken we? ___________
Het aantal dwergen van Sneeuwwitje
x het aantal musketiers
+ het aantal rovers van Ali Baba.

11 Haal uit elke cirkel de dubbele letters. Welke sport kun je met die letters maken? ____

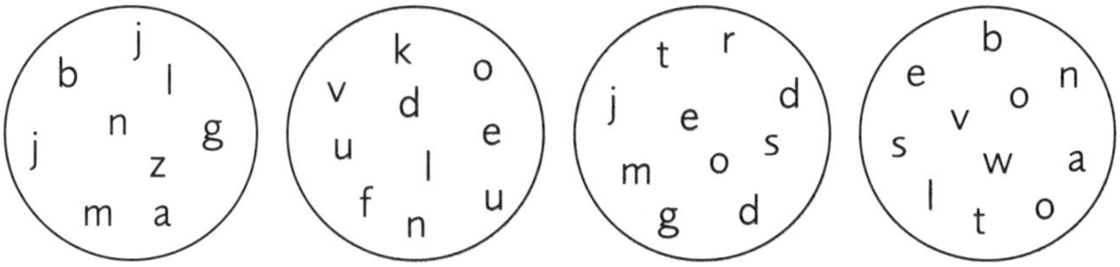

12 Welk woord ontbreekt in de uitdrukking 'door het . . . van een naald kruipen'?

DAK **OOG** **GAT** **DUN**

13 Zoek het lichaamsdeel dat je kunt vormen met de letters van STE-KEL. _______________________

14 Welk woord hoort niet thuis in het rijtje?

VLINDER KEVER VLIEG SPIN

15 Zoek de vier vruchten die in deze zin verborgen zitten.

Ik kampeer op ruim drie kilometer van de akkers van Jaap Pelgrims.

____

16 Anke dekt de tafel. Ze eet samen met haar tweelingbroer, haar twee zussen, haar vader en haar moeder. Hoeveel bestekken zal Anke op tafel moeten leggen? ______________________

17 Schud de letters door elkaar om het beroep te vinden van deze vrouw.

STIEN DARRE

____

18 Welk van deze figuurtjes past niet in deze reeks?

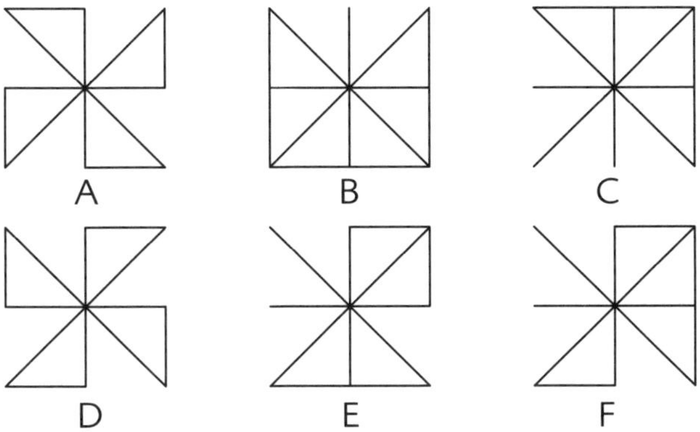

19 Wat is een MARIONET?

0 Een meisje dat met stokken jongleert in een optocht met muziek.

0 Een officier in het leger

0 Een pop die je door draden kunt laten bewegen.

20 Als ■ = ●● en als ▲ = ■■

hoeveel rondjes worden dan voorgesteld door ■■▲▲▲?

____

TEST 17

1 Met de cijfers 1, 2 en 3 kun je het getal 123 maken. Hoeveel andere getallen kun je met deze 3 cijfers maken door ze in een andere volgorde te plaatsen?

2 Welk woord hoort niet thuis in het rijtje?

KOPER	**IJZER**	**GOUD**	**OLIE**

3 Wat is de juiste schrijfwijze?

ELECTRICITEIT

ELEKTRISITEIT

ELEKTRICITEIT

ELECTRISITEIT

4 Welke figuur past niet in deze reeks?

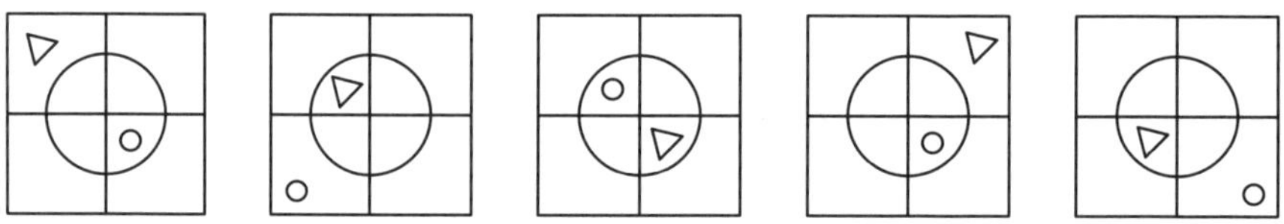

A B C D E

5 Wat is het tegenovergestelde van SYMPATHIEK?

CONTRAPATHIEK NOPATHIEK

ANTIPATHIEK TELEPATHIEK

6 Welke van deze zeilboten is helemaal gelijk aan zeilboot nummer 3?

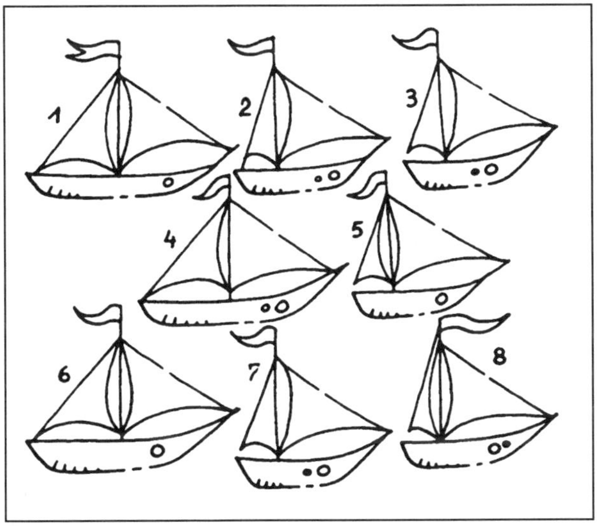

7 Welk woord van 4 letters kan op de plaats van de puntjes komen?

. . . . E N

R I . . . .

K L A . . . .

8 Welk beroep kun je maken als je de letters van VORK en PEER door elkaar schudt?

____

9 Met welk getal zet je deze reeks verder?

1	3	6	8	16	18	36	?

10 In welk werelddeel leven kangoeroes in het wild?
0 In Amerika
0 In Australië
0 In Afrika

11 Vijfhonderd staat tot duizend als vijf tot

EEN | TIEN | HONDERD

12 Welk woord van drie letters vormt zowel met het eerste als met het tweede woord een nieuw woord?

WA	...	SEEL

13 Maaike is de tweelingzus van Ruben.
Maaike zegt: 'Ik heb vier broers.'
Ruben zegt: 'Ik heb evenveel broers als zussen.'
Uit hoeveel kinderen bestaat dit gezin? ____________________

14 Welke vogel kun je maken met de letters van de volgende woordjes?

MES LIEP MEP

____

15 Wat is meer: een kwart kilogram of het dubbele van 150 gram?

____

16 Welke cirkel past niet in deze reeks?

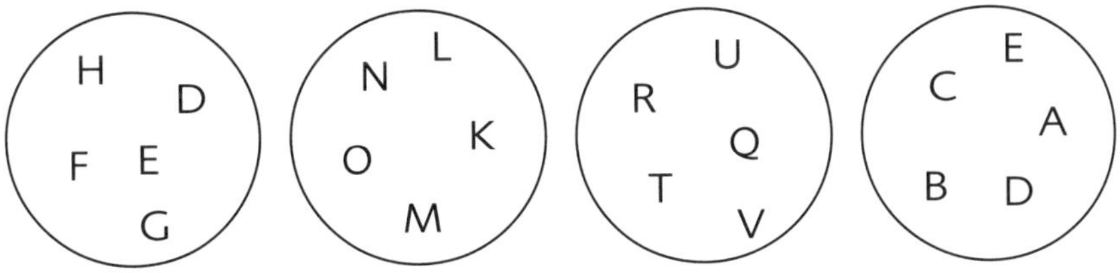

A B C D

17 Wat is een ORNITHOLOOG?

0 Een vogelkenner

0 Een neus-, keel- en oorarts

0 Een muziekinstrument

18 In welke maand valt de langste dag?

____

19 Hoeveel letters van het alfabet zijn ook leesbaar als je ze in de spiegel bekijkt? ____________________________

A	B	C	D	E	F	G	H	I
J	K	L	M	N	O	P	Q	R
S	T	U	V	W	X	Y	Z	

20 Welke letter stelt geen Romeins cijfer voor?

C I O M L D X

TEST 18

1 Welke figuur past niet in deze reeks?

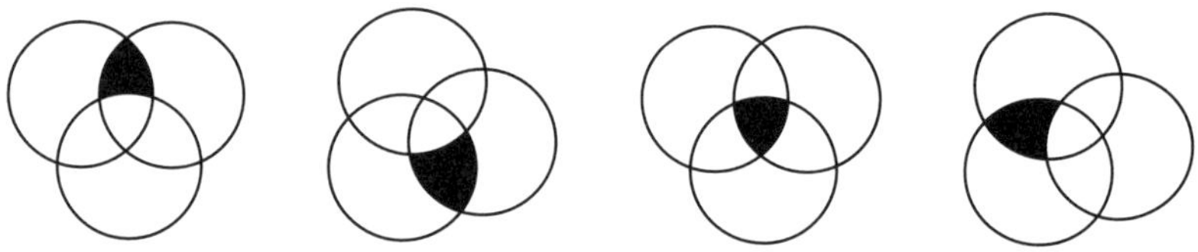

A B C D

2 In de kippenren van boer Bavo zitten kippen en hanen. Samen hebben deze dieren 80 poten. Boer Bavo vertelt je dat al zijn kippen elke dag een ei leggen en dat hij elke dag 32 eieren raapt. Hoeveel hanen heeft boer Bavo?

3 Water staat tot kraantje zoals elektriciteit tot

LICHT
ENERGIE
STOPCONTACT

4 Wat betekent de uitdrukking 'met het verkeerde been uit bed gestapt zijn'?

0 Slecht geslapen hebben
0 Slecht gehumeurd zijn
0 Geen pantoffels vinden

5 Welk woord hoort er niet bij?

NEUS MAAG LEVER LONGEN

6 Wat is een CRIMINOLOOG?

0 Iemand die de misdaad bestudeert.

0 Iemand die een misdaad pleegt.

0 Iemand die een misdaadfilm maakt.

7 Hoe lees je deze droedel?

M SSSSSSS

____

8 Welk cijfer moet in de plaats van het vraagteken komen?

9 Welke twee spreekwoorden kun je met de volgende woorden maken?

DE	KOMT	MOUW	UIT
KIJKEN	DE	BOOM	KAT
DE	UIT	AAP	DE

____

____

10 Schud de letters van de naam door elkaar om het beroep van de man te kennen. ____________________

WARD BOULEN

11 Welk land zit verborgen in deze zin?

Hij wil zich in alle steden inschrijven.

____

12 Denk aan cijfers en probeer te ontdekken welke letter in de plaats van het vraagteken moet komen.

E T D V V Z Z A ?

13 Hoeveel poten hebben 2 kevers, 2 muizen, 2 hagedissen en 2 kolibries samen? ____________________

14 Hoeveel is het hartje waard? Hoeveel het gezichtje? __________

♥ x ♥ = ☺

♥ + ♥ = ☺

15 Welke letter heb je nodig om van PILOOT een wapen te maken?

____

16 In elke cirkel staat een woord dat je met de klok mee kunt lezen. Maar in elk woord ontbreken dezelfde twee letters. Welke woorden zoeken we?

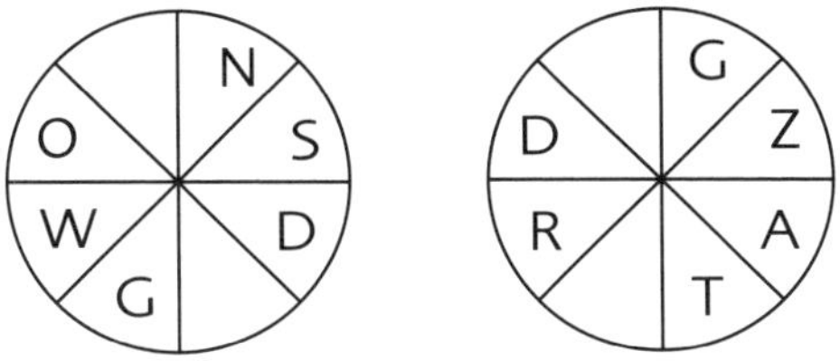

____

17 Als Pasen op 7 april valt, welke dag is het dan op 10 april?

MAANDAG
DINSDAG
WOENSDAG
DONDERDAG
VRIJDAG

18 Met welk getal zet je deze logische reeks verder?

10	11	13	16	17	19	22	?

19 Was FRANKENSTEIN een monster of was hij een man die een monster maakte? ______________________________

20 Welke kleur is KAKI?
0 Bruingeel
0 Geelgroen
0 Bruinrood

TEST 19

1 Wat is een HERBARIUM?

0 Een verzameling gedroogde planten
0 Een door mensen aangeplant bos
0 Een kruidendokter

2 Een elektrische trein rijdt van Amsterdam naar Brussel met een gemiddelde snelheid van 120 km per uur. De wind waait in dezelfde richting, maar half zo snel.
In welke richting gaat de rook?

____

3 Welk getal moet in de plaats van het vraagteken komen?

	13	
5	9	14
	4	

	18	
6	7	13
	11	

	19	
2	?	17
	4	

4 Welk woord hoort hier niet thuis?

BOOS	**BLIJ**	**GEZOND**
VROLIJK	**TROTS**	**VERDRIETIG**

5 Vlinder staat tot insect zoals vleermuis tot

0 vogel
0 zoogdier
0 vampier
0 rat

6 Welke twee muziekinstrumenten kun je met de volgende lettergrepen maken?

del kla zak
ri doe NET

7 Denk aan de tijd en zoek de ontbrekende letter in deze logische reeks.

J	F	M	A	M	J	J	A		O	N	D

8 In welke stad hoor je het, volgens een spreekwoord, wel eens donderen?

0 In Keulen
0 In Aken
0 In Wenen

9 Zoek de drie groenten die in deze zin verborgen zitten.

Tante Lies lag buiten te zonnen toen die wesp in Azië haar stak.

10 Hoe maak je het volgende getal kleiner zonder cijfers weg te halen of toe te voegen?

333

11 Welk woord van 5 letters vormt zowel met het eerste als met het tweede woord een nieuw woord?

VOOR . . . . . LEIDER

12 Schud de letters door elkaar om het beroep te vinden van deze man.

RAF FAGOOT

13 Welke heilige bestaat niet?

0 Sint Barbara
0 Sint Juttemis
0 Sint Valentijn

14 Welke uitdrukking kun je hier lezen?

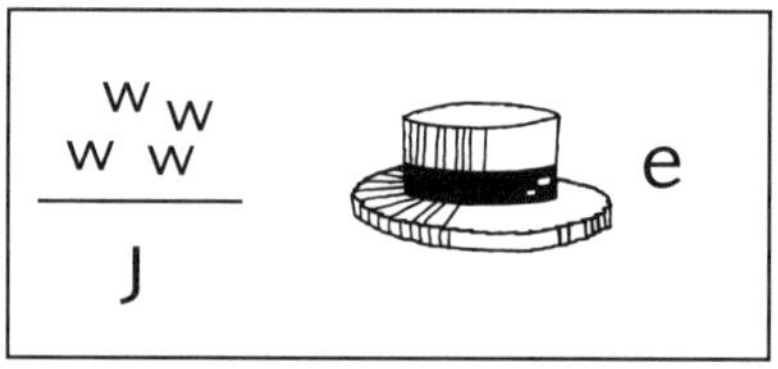

15 Welke twee woorden zijn elkaars tegengestelde?

DAPPER **EERLIJK** **VERLEGEN**
VALS **SCHUCHTER** **MOEDIG**

16 Hoeveel dagen zijn er in februari als het geen schrikkeljaar is?

17 Welke vlag (A, B of C) moet in de plaats van de lege vlag komen?

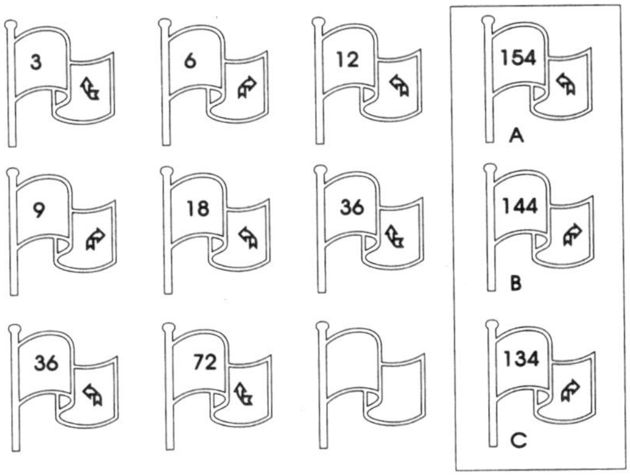

18 Welk getal hoort niet in het rijtje thuis?

21 35 7 17 49 28 63

19 Hoeveel keer zit het woordje ARA in dit rooster? Tel horizontaal, verticaal en diagonaal. ______________________________

A	A	A	R
A	R	R	A
A	R	A	R
R	A	R	A

20 Als 1 april een woensdag is, welke dag is het dan op 1 mei?

DONDERDAG VRIJDAG ZATERDAG

TEST 20

1 Schud de letters door elkaar om het beroep te vinden van deze man. ________________________________

JAN ROTLUIS

2 Twee bijen drinken de nectar van twee bloemen in 20 seconden. Hoeveel tijd hebben 20 bijen nodig om de nectar van 20 bloemen te drinken? ____

3 Welk van de figuurtjes (A, B, C of D) heeft het minst gemeen met het figuurtje links?

A B C D

4 Volgens een spreekwoord leiden alle wegen naar...

PARIJS ROME LONDEN

5 Welk kinderliedje wordt hier voorgesteld?

1234	**HVHV**	**1234**	**HVP**

____

6 Zoek in de volgende zin een lichaamsdeel, een vogel, een voertuig, een nationaliteit en een groente.

Jeroen gaat op reis en wil een dagtrip maken van de monding van de Donau tot Belgrado.

7 Welk glasraam is helemaal gelijk aan glasraam nummer 2?

8 Er worden honderd tombolaloten verkocht en er zijn vijftig prijzen. Hoeveel lotjes moet je kopen om zeker één prijs te krijgen?

9 Met welke twee lettergrepen kun je de naam van een zoogdier vormen?

10 Wat lees je hier?

(X - S) (B - U)
―――――――
ALLES

____

11 Welke medeklinker verdween uit deze twee woorden?

. OE . OE . S . LO .   . A . . ERLA .

12 Wat betekent de uitdrukking 'als puntje bij paaltje komt'?

0 Als er een punt achter de zin staat.
0 Als er een vogel op de paal zit.
0 Als het eropaan komt.

13 Met welk getal zet je deze logische reeks verder?

100	91	94	85	88	79	82	?

14 Wat betekent het woord GEOGRAFIE?

NATUURKUNDE
AARDRIJKSKUNDE
REKENKUNDE

15 Hoe noemt men een groep vissen?

ZWERM   SCHOOL   BENDE   SNOER

16 Wat kun je niet eten?

PAELLA NOGA AVOCADO SPAGAAT

17 Welke driehoek moet op de plaats van het vraagteken komen?

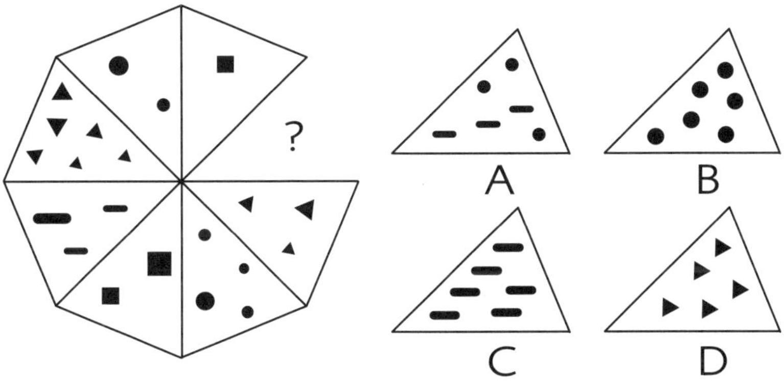

18 Welk van de volgende woorden is geen Frans?

GARAGE MADAME
SORRY BANANE

19 Hoeveel tijd heb je nodig om met een snelheid van 5 km per uur naar je oma te lopen die 2 km verder woont?

____

20 Welk woord hoort hier niet thuis?

SLIMMERIK BRAVERIK
BOLLEBOOS HOOGVLIEGER
GENIE

OPLOSSINGEN REEKS 4

TEST 16

1. 82 en 80 (afwisselend -3 en -2)
2. Traangas
3. D (alle andere figuren hebben 8 schuine lijnen)
4. Over
5. Neil Armstrong
6. Man
7. Cirkel A
8. Japan
9. Kilometerpaal
10. 7 x 3 + 40 = 61
11. Judo
12. Oog
13. Skelet
14. Spin (is geen insect)
15. Peer, pruim, kers, appel
16. 6 bestekken
17. Dierenarts
18. B (alle andere figuurtjes hebben 4 driehoeken)
19. Een pop die je door draden kunt laten bewegen.
20. 16 rondjes

TEST 17

1. Nog 5 (132, 213, 231, 321 en 312)
2. Olie (is geen metaal)
3. Elektriciteit
4. C (er staat geen driehoekje of rondje buiten de cirkel)
5. Antipathiek
6. Nummer 7
7. Vier
8. Verkoper
9. 38 (afwisselend +2 en x2)
10. In Australië
11. Tien
12. Pen
13. 7 kinderen
14. Pimpelmees
15. Het dubbele van 150 gram
16. C (de letters volgen elkaar niet alfabetisch op want de S ontbreekt)
17. Een vogelkenner
18. Juni
19. 11 (A, H, I, M, O, T, U, V, W, X en Y)
20. De letter O

TEST 18

1. C (het zwarte deel zit in het midden)
2. 8 hanen
3. Stopcontact
4. Slecht gehumeurd zijn
5. Neus (is geen inwendig orgaan)
6. Iemand die de misdaad bestudeert.
7. Messen
8. 5 (in het donkere rondje staat de helft van de som van de witte rondjes)
9. 'De aap komt uit de mouw' en 'De kat uit de boom kijken'
10. Landbouwer
11. China
12. N (de letters zijn de beginletters van 1, 2, 3, enzovoort)
13. 32 poten
14. Het hartje 2 en het gezichtje 4
15. S (pistool)
16. Woensdag en zaterdag
17. Woensdag (Pasen valt altijd op zondag)
18. 23 (telkens +1 +2 +3)
19. Een man die een monster maakte.
20. Bruingeel

TEST 19

1. Een verzameling gedroogde planten
2. Een elektrische trein heeft geen rook!
3. 15 (telkens het verschil tussen de 2 getallen die tegenover elkaar liggen)
4. Gezond (zegt niets over de stemming)
5. Zoogdier
6. Doedelzak en klarinet
7. S (de reeks bestaat uit de beginletters van de maanden)
8. In Keulen
9. Sla, ui en spinazie
10. Door er een komma in te plaatsen
11. Hoofd
12. Fotograaf
13. Sint Juttemis
14. Wees op je hoede
15. Eerlijk en vals
16. 28 dagen
17. B (het getal op de vorige vlag wordt telkens verdubbeld)
18. 17 (is niet deelbaar door 7)
19. 6 keer
20. Vrijdag

TEST 20

1. Journalist
2. 20 seconden
3. C
4. Rome
5. 1, 2, 3, 4, hoedje van, hoedje van, 1, 2, 3, 4, hoedje van papier
6. Mond, eend, auto, Belg, prei
7. Nummer 5
8. 51 lotjes
9. Walvis
10. Ik bemin u boven alles
11. K (koekoeksklok en kakkerlak)
12. Als het eropaan komt
13. 73 (afwisselend -9 en +3)
14. Aardrijkskunde
15. School
16. Spagaat
17. C (in de tegenover elkaar staande driehoeken staan dezelfde figuurtjes, maar verdubbeld)
18. Sorry (is Engels)
19. 24 minuten
20. Braverik (heeft niets met verstand te maken)

SCORETABEL REEKS 4

Voor elke IQ-vraag die je juist hebt beantwoord, mag je een vakje kleuren. Schrijf onderaan, in de rij naast T, hoeveel vakjes je per test gekleurd hebt. Voor elke test zijn er drie kolommen. Je kunt een test dus twee keer overdoen om je puntenscore te verbeteren.

	TEST 16			TEST 17			TEST 18			TEST 19			TEST 20		
1															
2															
3															
4															
5															
6															
7															
8															
9															
10															
11															
12															
13															
14															
15															
16															
17															
18															
19															
20															
T															

SCORETABELLEN VOOR DE IQ-QUIZ

Schrijf bovenaan in de grijze vakjes de namen van de deelnemers.

1											
2											
3											
4											
5											
6											
7											
8											
9											
10											
11											
12											
13											
14											
15											
16											
17											
18											
19											
20											
T											

SCORETABELLEN VOOR DE IQ-QUIZ

Schrijf bovenaan in de grijze vakjes de namen van de deelnemers.

1											
2											
3											
4											
5											
6											
7											
8											
9											
10											
11											
12											
13											
14											
15											
16											
17											
18											
19											
20											
T											

SCORETABELLEN VOOR DE IQ-QUIZ

Schrijf bovenaan in de grijze vakjes de namen van de deelnemers.

1											
2											
3											
4											
5											
6											
7											
8											
9											
10											
11											
12											
13											
14											
15											
16											
17											
18											
19											
20											
T											

SCORETABELLEN VOOR DE IQ-QUIZ

Schrijf bovenaan in de grijze vakjes de namen van de deelnemers.

1											
2											
3											
4											
5											
6											
7											
8											
9											
10											
11											
12											
13											
14											
15											
16											
17											
18											
19											
20											
T											

SCORETABELLEN VOOR DE IQ-QUIZ

Schrijf bovenaan in de grijze vakjes de namen van de deelnemers.

1											
2											
3											
4											
5											
6											
7											
8											
9											
10											
11											
12											
13											
14											
15											
16											
17											
18											
19											
20											
T											